JN301651

就活を
この本から
はじめよう

社会力をつけるワークブック
<small>ソーシャルスキル</small>

川合雅子　編著

学文社

―――――― 執筆者 ――――――

川合雅子	㈱ウェコプ	Chapter 1, 2, 9
有代えり	㈱ウェコプ	Chapter 3
萩野智美	㈱ウェコプ	Chapter 4-7
菊池啓子	オフィスセサミ	Chapter 8
石井和紀	Vivid～eit∫大宮店代表	Chapter 9
石井美樹	フェイシャリスト	Chapter 9

はじめに

　本書は、ずばり就職活動を成功させるという目的で書かれています。就職できるということは、社会力（ソーシャルスキル）があるとみなされて採用となります。各執筆者には、単にハウツーだけを述べるのではなく、社会人として生きていく力が身につくように書いてほしいとお願いしました。だから学生の皆さんは各執筆者のメッセージをぜひ読みとってほしいと思います。

　私は2000年頃から、いろいろな大学でキャリアについての授業を教えるチャンスをいただき、それ以来多くの学生のキャリア支援をしてきました。学生の皆さんにいつも伝えてきたことは、「やりたいこと、就きたい仕事があったら、"あきらめない"」ということです。やりたい仕事に就けるかどうか、その仕事に適性があるかどうかを悩む学生が何と多いことでしょう。やりたいことがあるのなら挑戦するのみ！といつも叱咤激励をしています。適性があるかどうかなど心配するより、自分の望む道を進むのです。挑戦しなければ、行動しなければ成功も失敗もありません。心配しても仕方がない。やるべきことをする…そのためのひとつの助けになってほしい、そのような想いをそれぞれの執筆者にこの本に託してもらいました。ご自分の関心のある章から始めてください。

　学生に次のようなことをよく言われます。「なにができるかわからない…」「何の仕事にしたらいいのかわからない」「先生どうしたらみつかるのでしょうか？」と質問をされます。私は、残念ながらそんなに簡単にわからないわと答えます。最初から完璧に自分にあった仕事を見つけられる人は多くはいないと思います。仕事を覚えながら、経験を踏んで自分にその仕事が合っているのかどうかを見つけていくものだと思うのです。だから興味があること、好きだなと思うこと、好きな商品をつくっているから…など、自分の興味関心のあることにこだわってみたら、そこに大きなヒントがありますよと伝えます。

適性がないなどと考えないでください。新入社員を採用する場合、企業側は採用後に即戦力となるような人を求めているのではないのです。会社に貢献できる人になるポテンシャル（潜在的な能力）が見られるかどうかなのです。
　やりたいことがあるなら、興味があるなら、恐れずチャレンジ！です。
　私は16歳の時に国際線の客室乗務員になると決めてから、8年後に念願の会社の国際線に乗務することができました。その間入社試験に5回落ち、最終段階の面接を盲腸になりあきらめるしかなかったり、目指している途中で世の中の不況で採用が数年間なくなったりしました。それでもあきらめず、大学在学中に合格し採用になっても、在籍したまま仕事をしようと思っていました。そして本当にそうなりました。4年生の時に働き始めました。あきらめない！絶対あきらめず絶えず努力をしたら、結果は得られることを学びました。何より大学に通いながら専門学校で学ぼうとした時、専門学校を見事に落とされたのですが、その時の面接官の先生に言われた「あなたは適性がない。だからあきらめなさい」の一言は大きなショックでしたが、逆に、今のキャリア支援の仕事の道をつくってくれたと思います。
　就職活動をするといろいろ大変な思いをするでしょうが、後でそれらは大きな意味があるとわかるでしょう。いずれにしても自分に適性がないなんて勝手に言わないことです。自分に限界をつくってはいけません。自分らしく生きる…そんなあなたらしいキャリアをつくるお手伝いができたら幸せです。どうぞ、自分を信じて、自分を活かす、自分らしく生きられるキャリアをつくられる事を祈っております。

2011年9月

編者　川合　雅子

本書の使い方

　自己理解を深めたい場合はChapter 1から順番に進めてください。

　自分がこれからビジネスをしてく基本動作を身につけるためにはChapter 3「成功するビジネスマナー」を理解し、実際にいろいろな場面で自分の行動を見直してください。今日明日で身につくものではないのです。学んだらすぐに行動に移しましょう。実際に社会人になってからとても必要なものです。

　具体的な就職活動対策としては、Chapter 4「インターンシップ」、Chapter 5「成功する履歴書の書き方」、Chapter 6「成功するエントリーシートの書き方」そしてChapter 7「面接対策」のいずれから始めてもいいでしょう。

　就職活動をしていると、たくさん心が折れることも出てきます。そのような時はChapter 8「ストレスマネジメント」でご自分のストレスに上手に向き合って乗り越えてください。

　そして、男子学生も女子学生も印象形成に欠かせない肌の手入れ、髪型などについてもスペシャリストのスタイリストとフェイシャリストにアドバイスを書いてもらいました（Chapter 9「ヘアー＆メイク」）。

　1～2年生のあなたは、じっくり自己理解を深め、身のこなしを身につけ、清潔感のあるあなたらしい印象づくりをしてみましょう。いずれにしてもローマは1日にしてならず…日々の考え行動が、あなたのキャリアを輝くものにするのです。

もくじ

Chapter 1 キャリアとは …… 1

1. キャリアとは何か …… 1
2. キャリア・ディベロップメントとは …… 4
3. ライフ・キャリア・レインボーで将来の自分をみてみよう …… 6
4. キャリアをイメージする …… 9

Chapter 2 適性について考える
～自分の好きなこと、興味関心を大切にしよう …… 16

1. 適性とはなんでしょう …… 16
2. 興味関心の傾向を知ろう …… 17

Chapter 3 成功するビジネスマナー …… 27

1. なぜマナーが大切なの? …… 27
2. まずは身だしなみ …… 30
3. スーツ・靴・バッグの選び方 …… 35
4. 面接動作 …… 37
5. 電話の受け方・かけ方 …… 43
6. ビジネス文書&メール …… 48

Chapter 4 インターンシップ … 52

1. インターンシップは何のため? … 52
2. インターンシップの選び方 … 53
3. インターンシップで必要なこと … 54
4. インターンシップを成功させる … 56

Chapter 5 成功する履歴書の書き方 … 61

1. 履歴書とは … 61
2. 自己PRの書き方 … 64
3. 志望動機とは … 70
4. 履歴書の送付 … 72

Chapter 6 成功するエントリーシートの書き方 … 74

1. エントリーシートとは … 74
2. エントリーシートを書くときの注意点 … 75
3. よくある設問と回答のポイント … 77

もくじ

Chapter 7 面接対策 ... 80

1. 面接とは ... 80
2. 面接の流れ ... 80
3. 面接の種類 ... 81
4. 自己分析をする ... 83
5. 企業の情報収集をする ... 83
6. 当日のシミュレーションをする ... 84
7. 面接のテクニック〜心構え編〜 ... 85
8. 面接のテクニック〜応対編〜 ... 86

Chapter 8 ストレスマネジメント ... 89

1. ストレスについて知る ... 89
2. ストレスの種類 ... 91
3. ストレスの個人差と思考のクセ ... 95
4. 自己効力感をもち続けるために ... 97
5. コーピング ... 99
6. ストレスマネジメントのまとめ ... 103

Chapter 9 ヘアー&メイク ... 105

1. 成功するリクルートヘアー ... 105
2. これぞリクルートメイクはやめよう ... 111

Chapter 1 キャリアとは

1. キャリアとは何か ●●●

　キャリアとは何でしょうか。ここでは2つの視点でキャリアの定義を提示したいと思います。ひとつ目は、大きな視点からみたキャリアの意味、つまり、①「その人の一生にわたる生き方そのものであり、その生き方を表わすものである」ということ。2つ目は焦点を絞ったキャリアの意味、つまり、②「職業、職務、職位、履歴、進路」を意味するものです。

　①の「その人の一生にわたる生き方そのものであり、その生き方を表すものである」ということはどういうことなのでしょうか。アメリカのキャリア研究家のスーパー（Super, Donald E. 1910-1994）は、キャリアは、個人が人生のそれぞれの時期で果たす一連の役割とその組み合わせである、としています*。ここでいう役割とは「子ども、学生、レジャーを楽しむ人、仕事をする人、配偶者、市民、家庭人、親、年金生活者など、たくさんの人が人生の中で経験する役割や立場」のことです。（＊D.E. スーパー＆N.J. ボーン『職業の心理学』ダイヤモンド社、1973年）

　②の「職業、職務、職位、履歴、進路」とは、「その人の職業選択にかかわる方向性、活動、姿勢」と捉えられています。この定義では職業とそれにまつわるさまざまな要素（経験、地位、資格、業績、学位、スキル、知識など）を包括しています。

　さて、みなさんは、何を基準に仕事、会社、働き方を選ぼうとしているのでしょうか。

いずれにしてもキャリアが一生にわたる生き方のプロセスならば、キャリアをスタートさせるこの時点で、自分が職業選択、企業選択をする理由を把握しておく必要があります。そして、自分のキャリアは自分の足で築くという自立、自律の姿勢でいたいものです。自分のキャリアです、自分で責任をもつ（自己責任）気持ちでスタートさせましょう。

【ロールモデル（役割モデル）】

キャリアを形成していくうえで、あんな人になりたい、あんな働き方をしたいと思える手本となる人をロールモデルといいます。ロールモデルは身近な人、ドラマの世界の人や有名人など、あなたがいいなと思う人であればだれでもかまいません。自分のお手本になる人を見つけることは、自分のキャリアをイメージしやすく、目標に向かって歩んでいきやすくなるのです。

演習 ロールモデルを探そう

この演習であなたのロールモデルを定め、行動分析をして自分の中にその要素を取り込みましょう。

1 あなたはどのような生き方にあこがれている、あるいは望んでいますか。

2 あの人のように生きたい、仕事をしたいなど、いいなと思っている人、あるいは憧れている人を一人あげてください。(実在の人物でも、伝記やドラマや映画の中の人でも可)

　◆その人の名前

　◆理由

3 モデル行動分析（上記で挙げた人の特徴を書いてみて下さい）

　① 使う言葉

　② 話し方

　③ 表情

　④ 洋服

　⑤ その他：態度、姿勢、歩き方など

4 どの要素を自分の行動に取り入れますか？

2. キャリア・ディベロップメントとは ●●●

　私たちのキャリアは、体が発達するのと同じように、時間とともに発達していくとされています。児童期、青年期、成人期、中年期、老年期などのスパン（期間）ごとに、発達するための課題があり、それを乗り越えてキャリアを成長させていきます。いろいろな学者がそれぞれの立場でキャリア・ディベロップメントについての理論を提唱しています。

　ここではキャリア研究学者、D.E. スーパーの「ライフ・ステージ」の考え方をみていきましょう。
　スーパーは、キャリア・ディベロップメントの過程には、「成長段階（0〜14歳）」「探索段階（15〜24歳）」「確立段階（25〜44歳）」「維持段階（45〜64歳）」「下降（解放）段階（65歳以降）」の5つの過程があるとしました*。（*D.E. スーパー『職業生活の心理学』誠信書房、1960年）

　就職活動をしているあなたは、「探索段階（15〜24歳）」にいます。この探索段階は、学生生活やアルバイト、ボランティア活動、レジャーでの時間、サークル活動、就職、転職などを通して自己探索をしたり、情報を集めたりしながら現実的な探索により、職業を選択していく時期とされています。

　今のあなたは自己理解を深め、職業や企業情報を収集し、より自分らしく生きていけるようなキャリア探索をする必要があります。
　学ぶ、遊ぶ、人と出会う、ボランティアをする、旅行する、アルバイトをする等いろいろな体験を通して、自分というのはどのような人間なのか自己探索を楽しみましょう。
　学生時代にしかできないことを、たくさんたくさん経験しましょう。それがあなたらしいキャリアを発達させていくことにつながるのです。

Chapter 1 ● キャリアとは

- キャリアには発達するプロセスがあり、乗り越えるべき課題やテーマがある。
- 発達は「選択」と「適応」の連鎖のプロセス

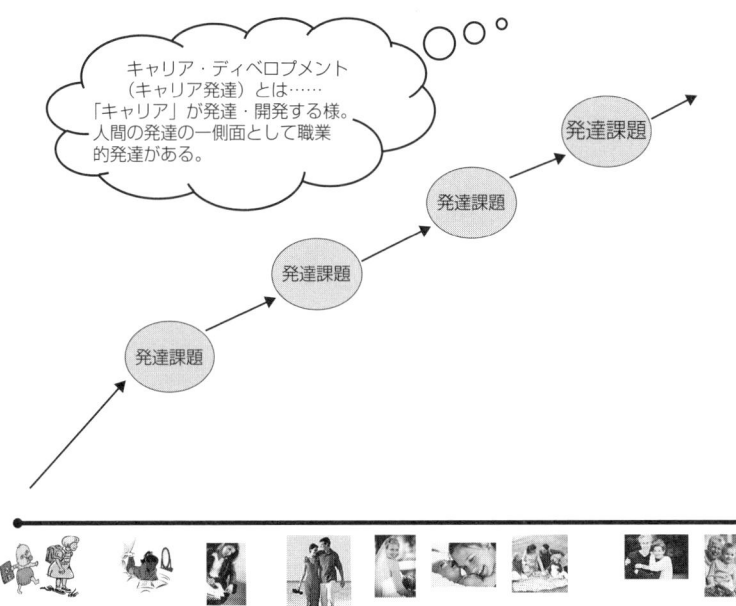

3. ライフ・キャリア・レインボーで将来の自分をみてみよう●●●

~キャリアとは、人生のそれぞれの時期（ライフ・スパン）で果たす役割（ライフ・ロール）の組み合わせである~

　D.E. スーパーは、キャリアは発達していくという考え方に立脚し、その中でライフ・キャリア・レインボーを唱えました。これを提唱した時代背景（1950年代～1960年代）には、女性は結婚や育児などによって生活に大きな変化が起こることが多いということがあり、このことに気づいたスーパーは、ライフ・キャリア・レインボーの考え方を自らの理論に組み入れました。

　ライフ・キャリア・レインボーとは、人生のそれぞれの時期（ライフスパン）において、人はその時期のライフロール（役割）を果たすのに必要な時間があるという考え方です。それぞれの時期で果たすライフロールの組み合わせにより時間の使い方も変わるとし、それを一望できるのが、キャリアレインボーです。虹のような形になっているのでこの名前をつけたとされています。

男女共に働き方が変わってきた

　スーパーがこの考え方を提唱した時代（1950～1960年代）よりは、現代は、男性も結婚生活でパートナーと過ごす時間を大切にしたり、イクメン等の言葉が出現してきたように育児にも積極的に関わるようになっています。また、ボランティア活動、コミュニティの活動など、労働以外の時間・役割を楽しみ、活躍してきていることも時代の変化と共に見落とせないでしょう。男女ともに働き方生き方が変わってきた現代において、男性もしっかりキャリアレインボーで、自分のキャリア全体図を知っておく必要があるのです。

ライフ・ロール(役割)の説明

役割	説明
子ども	親との関係における自分、親に対して注がれる時間のこと。小さいころは、子どもとしての役割がほとんど。
学生	学ぶという立場。小・中・高・大学などはもちろん、社会人になってから学ぶ場合も含む。
労働者	仕事をする立場。アルバイトなども含む。
配偶者	夫・妻の役割。法律上の夫婦でなくても、共に生活を送るパートナーとしての役割。
家庭人	家事全般をやる立場。掃除、洗濯、料理、家の内外の修理なども含む。
親	子どもを持ったときから始まる役割。
余暇を楽しむ人	趣味やスポーツなど、好きなことをして楽しむ時間。
市民	社会を構成する一員として、社会に貢献する立場。

演習 キャリア・レインボー

★あなたのライフ・キャリア・レインボーを作成してみましょう。

(注)主だった役割(ライフ・ロール)のみ抜粋しています。

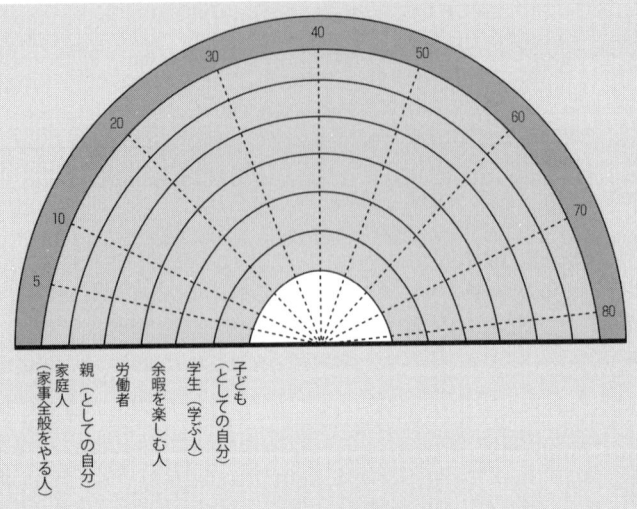

子ども（としての自分）
学生（学ぶ人）
余暇を楽しむ人
労働者
親（としての自分）
家庭人（家事全般をやる人）

《キャリア・レインボー・ワーク手順》

1 キャリア・レインボー記入
キャリア・レインボーの記入例を見ながら、自分のキャリア・レインボーを描きましょう。

2 個人ワーク
キャリア・レインボーを描いて気づいたことを書きましょう。

3 グループ共有
グループワークの場合、各時自分のキャリア・レインボーの説明をしましょう。説明者へ質問をしたり、コメントを述べます。

4 グループで話し合い
グループでキャリア・レインボーを描いて気づいたこと、考え方こと等を話し合います。

4. キャリアをイメージする●●●

　あなたには自分が就きたい職業や仕事がありますか。その職業や仕事に就いている自分をイメージできるでしょうか。絵や文字にして視覚化することは自分の漠然と考えていることを整理するのにとても効果的な方法です。

　25歳、27歳、30歳のあなたは何をしていたいでしょうか。

　自分にとっての望ましいキャリアを知ることは大切なことであり、そのために現在は何が足りないか、自分の望むキャリアを得るためにどのような努力をしたらいいのか、どのような資格をとったらいいのかを整理して、目標に到達するために行動を起こすことが大切です。

　このセッションで、いろいろな方法をとってあなたが望むキャリアを整理していきましょう。

ビジョンボード

　まずは、コラージュ（貼り絵）で、ビジョンボードをつくって、目で見るイメージを明確にしましょう。→ 演習：ビジョンボードをつくろう（p.10）

目標を明確にする

　目標、あるいは望ましい状態（結果）をはっきりさせることは大切なことです。そのためには今の状態はどのようなものが問題になっているのか、問題となっている状態、障害となっている状態を知ることが大切です。そしてその両者の間のギャップを取り除くために行動することが重要です。

　→ 演習：リソースを探そう（p.13）
　→ 演習：目標を明確にする（p.14）

演習　ビジョンボードをつくろう

　ビジョンボードとは、コラージュ法（貼り絵）を用いて、望む自分の未来を視覚化するものです。

　ビジョンボードは何枚でもつくれます。
　まずは「卒業後の仕事に就いた自分」「27歳の自分」の2枚をつくってみます。27歳は入社5年目になります。ちょうど次のキャリアを模索する時期です。27歳頃はどのようなキャリアを潜在的に望んでいるのか、ここでは自分の気持ちをのぞいてみましょう。
　まずビジョンボードを作成するために下のものを準備しましょう。

《準備物》
＊画用紙（A3サイズ以上の大きさ。A3白紙でも可）　2枚
＊のり（ポストイットの糊がベター。貼り直しができる）　1
＊はさみ　1
＊切り取ってもよい「好きな絵、写真が載っている雑誌、パンフレット、写真」
　3～5冊
＊切ったり貼ったりしてもよい写真　何枚でも可

《方法》
1. テーマ「卒業後の仕事に就いた自分」
　まず、テーマにあったコラージュ作成のために、絵や写真を切り取ります。次に、画用紙の上に、切り取った絵・写真を貼っていきます。貼る時は"自分が好きなように"貼ります。はみ出して貼ってもかまいません。気持ちのままに切り取り、貼ることが大切です。

　<u>授業や友人とコラージュを作成するときは、おしゃべりをしないで自分の作業に集中してください。</u>

2. テーマ「27歳の私」（※他の年齢をテーマにしてもよい）
　1と同じように作成しましょう。

3. ふりかえりしましょう。
　グループでコラージュを作成した人は、グループワークまで行います。

《個人ワーク》
① 2つのコラージュを作成して、気づいたことを書きましょう。

② 卒業後仕事に就いたあなたはどんなことをしていますか？ どのような状態ですか？

③ 27歳のあなたはどんなことをしていますか？ どのような状態ですか？

《グループワーク》
① 「卒業後の仕事に就いた自分」「27歳の私」のコラージュを見せて、それらのコラージュを順番に、グループメンバーに説明しましょう。

② メンバーの説明に対して、感想を述べたり、質問をしてみましょう。（絶対に否定的な言葉は言わないコト！）

ビジョンボードはコラージュ法を用いて、望む自分の未来を視覚化するものです。

コラージュとは、「糊付け」の意味を表わします。絵の具以外の素材（写真、印刷物、布等）を切り貼りして作るアートの一種です。コラージュを作成することをコラージュ・アクティビティといいます。

ここでのコラージュ作成はその作品の「美しさ」を追求することが目的ではなく、意識、無意識の自分を表現することで、心の開放感、イメージの活性化、自分を知る手段、興味の対象がはっきりする、現実と理想のギャップの洞察などの効果を得ることを目的としています。

ふりかえり

①コラージュの裏面に、「作成年月日」を書いてください。

次の質問に答えてください
②「これらの写真などを切り抜いた理由」

③「それらの絵は自分にどんな意味があるのか」

④「メンバーからの感想を聞いて、気付いたことは？」

演習 リソースを探そう

　リソース（資源）とは、望んでいることを達成する、手に入れるために有効なものすべてをさします（性格、健康、富、友人、家族、趣味、すべて自分がリソースだと思えることは何でも）。あなたの今持っているリソースを思いつくまま書き出してみましょう。

1	16
2	17
3	18
4	19
5	20
6	21
7	22
8	23
9	24
10	25
11	26
12	27
13	28
14	29
15	30

 **目標を明確にする**

　一人で演習、もしくは友人とペアになり、お互いに質問をし、相手の人の本に相手が述べたことをメモしてあげましょう。

1. 卒業後、あなたのほしい結果（成果）は何ですか？（肯定的な表現で）

2. その結果（成果）が手に入ったら、どのようにそれがわかりますか？

3. その結果（成果）は、いつ、どこで、誰とほしいですか？

4. その結果（成果）が手に入ると、あなたの人生の他の側面にどのように影響しますか？

5. あなたが望む結果（成果）を手に入れるのを止めているものは、なんですか？

⑥あなたがすでに持っているリソースの中で、このゴールを手に入れるのに役立つリソースは何がありますか？　※リソース：目標を達成するのに役立つものすべて。お金、パーソナリティ、家族、友人、仕事、やる気、容貌……

⑦ゴールを得るために、今持っていないけれど、あるといい追加のリソースが必要ですか？　あるとしたらどのようなリソースですか

⑧ゴールにどのように到達できますか？
　はじめの行動は？　まずなにから始めますか？

　他に方法はありますか？

⑨この段階で、①〜⑧までにメモしたことを読み上げてください。
　そして聞いてください：あなたのゴールは達成する価値がありますか？（一人で行っている人は自分のために、ペアで行っている場合は相手のために読みましょう）。

Chapter 2 適性について考える
～自分の好きなこと、興味関心を大切にしよう

1. 適性とはなんでしょう ●●●

　適性とは、一体何でしょうか。もしあなたがホテルパーソンになり、接客をしたいということであれば、その仕事に求められる能力が、顕在的にかつ潜在的にあるかどうかが問われます。

　企業は、新卒の学生にたくさんの顕在化している能力を求めているわけではありません。職業経験のない学生に対しては、入社後に仕事を遂行するのに必要となる能力を身につけ発揮できる可能性、つまりポテンシャルがどれだけあるか、伸び代がどれだけあるのかを知りたいのです。だからあなたは、自分が本当にその仕事に就きたいのか、その会社に入りたいのかよく自分自身に問いかけておく必要があります。なぜなら、そのポテンシャルや伸び代はあなた自身の熱意の中に潜在するからです。

　たとえば、英語等の語学力やホスピタリティ能力（もてなすための心やその行動）、体力、人間関係をうまく調整する能力などはホテルパーソンにとっては必要な能力になります。もちろんもっと他に求められる能力もあります。英語等の語学に関しては、学生時代に十分に能力を高め、必要な資格を取っておく必要があります。ホスピタリティ能力に関しては、アルバイトやボランティアでその能力を高めることができます。人間関係調整力に関しては、友人や家族の話を聞いたり、場合によってはコミュニケーション訓練を受けたりします。努力によってたいていの能力は身につくと言えるでしょう。

2. 興味関心の傾向を知ろう ●●●

適性を考えるうえで大切なことは、あなたは何に興味関心があるのか、どんなライフスタイルを好んでいるのかを知ることです。

職業心理学者のホランド（J.L. Holland）は、個人のキャリア選択は、その人のパーソナリティーと一致するような仕事環境を選択する傾向があり、職業に関してより安定した選択をし、より高い満足を得られるとしました。ホランドはVPI職業興味検査を開発し、自己理解を深めるツールとして日本でも広く知られています。以

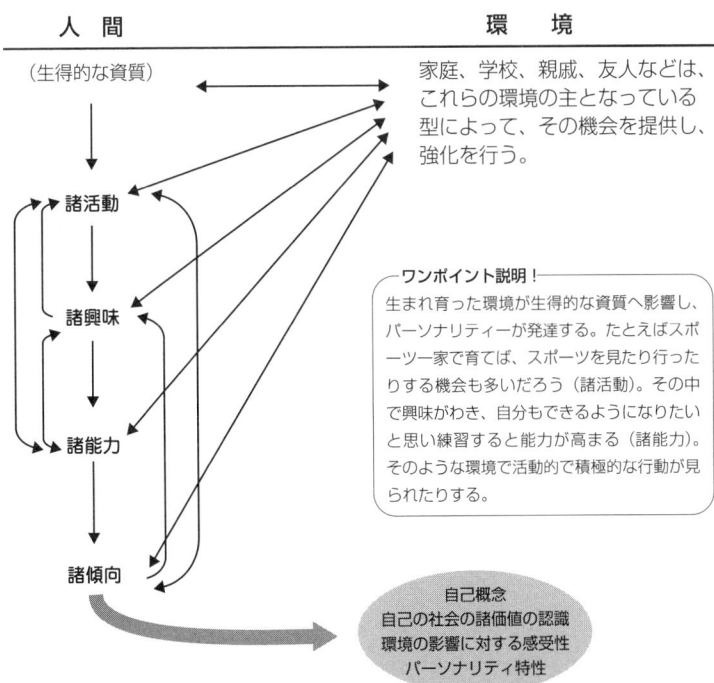

ホランドのキャリア選択理論

発達の順序はふつう、活動から傾向へと進む。しかしパーソナリティー・タイプの形成にはループの矢印で示したような経路も起こりうると仮定されている。

下の演習で自分の興味関心の傾向についてみていきましょう。

「好きこそものの上手なれ」という言葉があります。好きなことなら、大変なことも乗り越えて成長していく可能性が高くなります。またどのようなライフスタイルを好むかも重要です。ホテルで働く場合は、時間が一定でない働き方ですし、市役所勤めなら、9時〜5時の規則正しい生活です。どちらのライフスタイルがあなたにあっていますか?

 **興味関心の傾向をチェックしよう**

　この演習は、ホランド理論をベースに作成しています。統計的に処理されたチェックシートではありませんので、あくまで自分の興味関心の傾向を知るということにとどめてください。

《手順》

① 次の2頁にわたり48問の質問があります。各質問に、自分に当てはまる場合〇、どちらでもないは△、当てはまらない場合は×を、白抜きの箇所に書いてください。

② 〇＝2点、△＝1点、×＝0点で縦に計算をし、それぞれ小計を出し、総計を出します。

③ p.21のレーダーチャートに各アルファベット（R・I・A・S・E・C）の総計の箇所に点をつけ、それらの点を線でつないでチャートにします。

④ p.22の【興味関心からみたパーソナリティー傾向】を読みましょう。結果に自分を当てはめるのではなく、あくまでも自己理解を深める参考にしましょう。

興味関心の傾向チェックシート

NO	質問	R	I	A	S	E	C
1	ビジネスをしていると感じられる緊張感のある組織が好きだ						
2	人の世話をするのは好きなほうだ						
3	自分の手で何かモノをつくるのが好きである						
4	好奇心は強い方である						
5	自分の直感やひらめきを大切にするほうである						
6	人から認められることは大切なことである						
7	設計図などを見たり描いたりすることは楽しい						
8	いろいろな人と友達になることは楽しい						
9	生活が不規則になる仕事はあまり好きではない						
10	几帳面なほうである						
11	しきたりとか慣習はどちらかと反発を感じるほうだ						
12	物事の因果関係を考えるのが好きである						
13	人に教えたり、相談にのったりするのは嫌いではない						
14	機械いじりは好きなほうだ						
15	他の人が思いつかないような独創的なことをするのが好きだ						
16	人をまとめてリーダーをするようなことは避けたい						
17	仕事の目標や進め方を自分で決めることができるのは大切である						
18	困っている人を見ると放っておけないほうだ						
19	空想したり、考えたりすることが好きだ						
20	規則や慣習に従うのは苦にならない						
21	ジグソーパズルをするのが好きである						
22	予期せぬできごとが起きても慌てないほうだ						
23	整理整頓は上手なほうだ						
24	自分が納得すれば反対意見でも受け入れられる						

○が2点、△が1点、×が0点　　小計1

	R	I	A	S	E	C

NO	質問	R	I	A	S	E	C
25	初対面の人でも自分から声をかけることができる					■	
26	人から頼りになると言われる				■		
27	型にはまった生き方はしたくない			■			
28	マニュアルのある仕事を好むほうだ						■
29	論理的に物事を考えるほうが好きだ		■				
30	流れには逆らわないほうだ						■
31	人と接する仕事が好きだ				■		
32	ものおじしないほうだ					■	
33	芸術的な仕事をしたい			■			
34	注意深く慎重である						■
35	いろいろ工夫してものをつくるのを好む	■					
36	イベントなどを企画するのが好きだ					■	
37	データ分析のような仕事が好きだ		■				
38	データ入力やファイリング等のような仕事が好きだ						■
39	SF小説より自伝的小説やエッセイなどが好きだ			■			
40	他の人の気持ちを察するのはどうも苦手だ	■					
41	流行に関心があまりない	■					
42	人の注意をひきつけたり、あっと驚かすようなことをしたい					■	
43	責任感は強いほうだ						■
44	繰りかえしの多い仕事は好きではない			■			
45	人の心の動きや感情の変化に敏感なほうだ				■		
46	他の人と同じことはしたくない			■			
47	あまり目立つことはしたくない	■					
48	やりかけたことは最後までやりとおすほうだ						■
	小計2						
	小計1（転記する）						
	総計（小計1＋小計2）						
		R	I	A	S	E	C

○が2点、△が1点、×が0点

「R」「I」「A」「S」「E」「C」の総計の数字を下のレーダーチャートに丸をつけ、線で結んでチャートを作成しましょう。

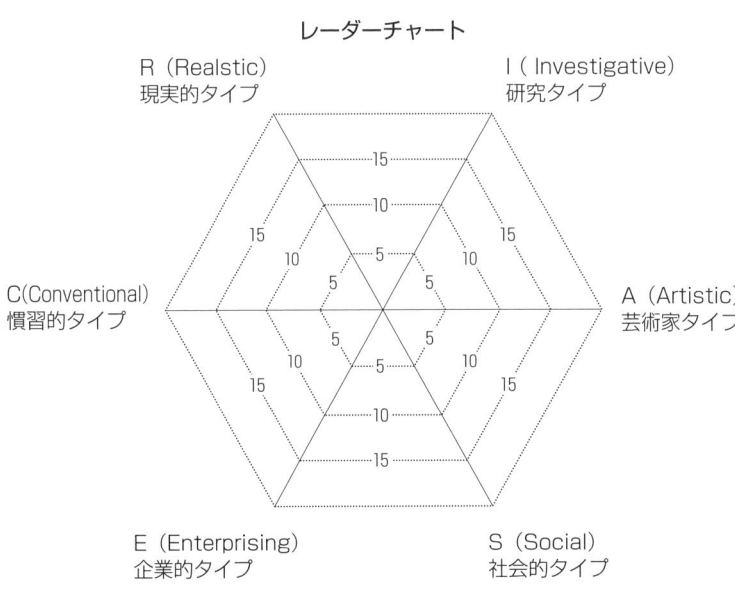

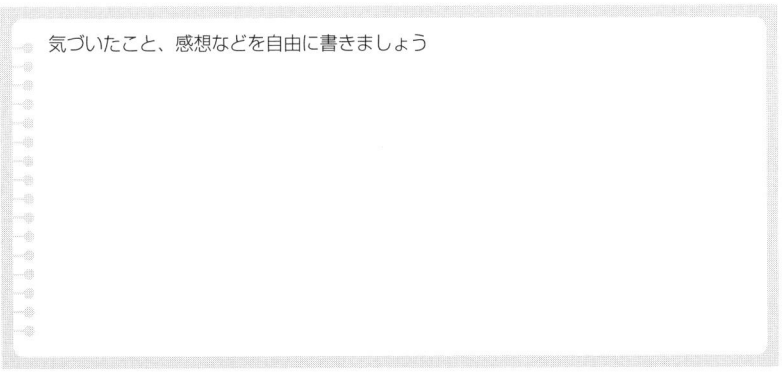

気づいたこと、感想などを自由に書きましょう

ホランドの興味関心からみたパーソナリティー傾向

　下記の説明はパーソナリティーの特徴を記載しています。各興味関心の傾向のうち上位3つくらいの組み合わせで今のあなたのパーソナリティーの傾向をみてください。ただし、以下の説明文を読んで決して決めつけないようにしましょう。あくまでも自己理解のヒントです。もっと詳細について知りたい場合は、キャリアカウンセラーに相談することをお勧めします。

★R（Realistic）：現実的興味傾向が強い場合の特徴

　現実的興味傾向が強い人は、モノ、道具や機械、動物などを対象とした活動を好む傾向があります。その活動は系統だった、プロセスが順序だっている、手順がはっきりしているような特徴が見られます。技術的な問題解決の能力があり、機械を操作したり、モノを作る能力にたけているとされています。対人関係に関することは得意ではなく、その分野の仕事は好まないようです。現実的で粘り強く、控え目な印象があります。率直、従順的、実際的、具体的であるなどの側面が見られます。

　職業としては、航空機整備士、機械工、電気技師、植木職人、システムエンジニア、野生動物保護監視員など。

- ・動植物管理の職業
- ・工学関係の職業
- ・熟練技術の職業
- ・機械管理の職業
- ・生産技術関係の職業
- ・手工芸技能の職業
- ・機械、装置運転の職業

★I（Investigative）：研究的興味傾向が強い場合の特徴

　研究的興味傾向が強い人は、観察、調査などによる探索的な活動を好む傾向があります。抽象概念や論理的思考に関心があります。観察による物理的、生物学的、文化現象的な分野に関して抽象的、創造的な活動を好みます。一人での活動を好み、グループで何かするのはあまり好まないとされています。ゆえにリー

ダーとしての活動は得意とはされていません。

パーソナリティーの特徴は、分析的、知的、探究心がある、内省的等が見られます。

職業としては、学者、科学雑誌編集者、臨床検査技師、調査者など。
・動物、植物、生物学関係の職業　・物理化学関係の職業　・社会調査関係の職業
・生産工学関係の職業　　　　　　・数理、統計学関係の職業　・医学関係の職業
・情報処理関係の職業

★A（Artistic）：芸術的興味傾向が強い場合の特徴

芸術的興味傾向が強い人は、音楽、演劇、文学、美術など、芸術的な活動を好む傾向があります。創造性や想像力、独創力に恵まれています。繊細で感受性が強い面が見られます。また型にはめること、はめられることを嫌い、慣習的なことや規則等を重要視せず、自分の感性、感覚を大切にします。自分や他の人の感情に敏感で、衝動的になりやすい面もあるとされています。

職業としては、音楽家、イラストレーター、商業デザイナー、文筆家、彫刻家、漫画家など。
・美術、彫刻、工芸関係の職業　・舞踏関係の職業　・文芸関係の職業　・音楽関係の職業
・デザイン、イラスト関係の職業

★S（Social）：社会的興味傾向が強い場合の特徴

社会的興味傾向が強い人は、援助したり訓練や教えたりすることを好みます。責任感が強く、他人に関しての洞察力に優れています。親切であり、寛大な傾向があります。いろいろな人とうまく関係性を築くことができます。人を理解し、その人の気持ちを察して反応することができます。

職業としては対人サービス業、カウンセラー等の相談業務、教員など人に対応する仕事が向いています。
・社会奉仕の職業　・医療保険関係の職業　　　　　　・各種の対個人サービスの職業
・販売関係の職業　・学校教育、社会教育関係の職業

★E(Enterprise)：企業的興味傾向が強い場合の特徴

　企業的興味傾向が強い人は、組織目標の達成や経済的利益を得るために人を動かすことを好みます。能力としては指導力、対人接衝力、交渉力等が見られます。新しい事業を企画したり、新規プロジェクトを運営したりなど組織を動かすことを好みます。エネルギッシュで、冒険的、社交的であり、自ら新しい仕事を開拓していくことなども好きな活動です。

　職業としては、経営、広報・宣伝、営業パーソン、報道関係の仕事があげられます。

- ・経営管理関係の職業
- ・広報、宣伝関係の職業
- ・営業関係の職業
- ・管理的事務関係の職業
- ・財務関係の職業
- ・報道関係の職業

★C(Conventional)：慣習的興味傾向が強い場合の特徴

　慣習的興味傾向が強い人は、データを組みかえたり、ファイリングや記録をつけたりなど、反復的で事務職のような活動を好みます。慣習的なことや規則を重視し守ることができます。いろいろな状況において順応的で、協調的です。人との関係性、とくに和を大切にし、摩擦が起きないように自己統制して行動しようとします。上司や権威ある人の指示に従うことを好みます。

　職業としては、事務員、会計士、銀行員、行政書士等が挙げられます。

- ・経理、事務関係の職業
- ・警備、巡視の職業
- ・一般事務の職業
- ・文書整理、保管の職業
- ・法務関係の職業
- ・編集、校正関係の職業

参考：『VPI職業興味検査［第3版］結果の見方、生かし方』日本版著者　独立行政法人労働政策研究・研修機構　発行所　株式会社日本文化科学社

演習 小さい頃〜今に至るまで、就きたい仕事、職業

① 小さい頃から今に至るまで、つきたい仕事、職業を順に思い出して書き出しましょう。

② 演習の「興味関心の傾向をチェックしよう」の結果を書いたレーダーチャートを見て気づいたことを書きましょう。例：美術の先生になりたい……SとAが高いなど

③ グループでそれぞれ書いたことを共有し、気づいたことを書きましょう。

ワンポイントレッスン！ One Point Lesson!

●適性検査を受けるということ
　適性検査は、あなたがどのような職業領域につくとより成長が望めるかという自己理解の視点で受けましょう。検査を受けた結果、自分が望んでいる仕事が自分により適している職業名が出てこなくても、あきらめる必要はありません。しっかりその職業情報を調べ、本当に自分が興味関心があるかを知る手間暇を惜しまないようにしましょう。

●資格をとるということ
　なんでも資格を取ればいいというものでありません。資格取得が出来るということは勉強する能力があるという証拠です。まずは自分が進みたいキャリアに必要な資格であれば、そちらに集中して取得を考えましょう。

　避けたいのは、周りの友達が取っているから、就職に有利と聞いたから……などの動機で資格をめざすことです。そのような動機がないか考え直してみる必要があります。

　ホランドが言ったように、好きなことだから資格にチャレンジしてみたいというシンプルな動機や、目指す会社、職業に必要だからという理由なら、迷わずチャレンジしましょう。

　数字に興味がないけれども、簿記の資格をとったとしましょう。あなたがその資格を使いこなすかどうかは疑問です。入社して役に立たないということはもちろんありません。でも……ひょっとしたら、経理はいやだな～と思っていても、資格があるから経理の仕事に就く可能性もあります。
　資格はこれからの自分の行きたい方向性にあったものにしたほうが、有効でしょう。
　いずれにしても周りにふりまわされないように！

Chapter 3 成功するビジネスマナー

1. なぜマナーが大切なの?

なぜ採用側はマナーの身についた人を採用したがるのか

　多くの企業や組織は、チームワークによって生産性を上げようとします。人間関係がうまくいっているチームが強いことが多いのは、スポーツチームからも明らかです。
　人間はわずかな心の具合で、行動が変化します。他者との関係がスムーズでないと微妙な不具合が生じ、生産性が落ちる要因となりますので、採用側は、よい人間関係を築くうえで、その基礎となるマナーの身についた人材を望むのです。そのような理由で就職面接では、まずはマナーが身についていないと、しっかりと話の中身を聞いてもらえません。

身につければマナーは一生の宝になる

　就職活動は自らのマナーの再確認、ブラッシュアップをする大きな成長の機会となります。しかし、マナーを単なる就職のテクニックとしてではなく、あなたの人生を豊かにするものとして、長期の視点で身につけたいものです。
　マナーには、周囲の人への感謝、相手の立場にたった心遣いや配慮、やさしさなど、お互いが幸せになる知恵が凝縮されています。自然にさりげないマナーを身につけることは、あなたの一生の宝物となります。「この人と一緒にいると心地よい」「この人と仕事を共にしたい」と言われるような、信頼される"一生もののマナー"を身につけませんか。そうすることにより、人々と気持ちよく関係性を保ち、協力し合い、自分が望む人生を送れる可能性が広がることでしょう。

演習 日ごろのマナーチェック

①表の右覧にチェックをしてみましょう。
<○出来ている △あまり出来ていない ×出来ていない>

	内　容	
1	自分から挨拶をしていますか	
2	名前を呼ばれたら「はいっ」と返事をしていますか	
3	人に何かしてもらった時、「ありがとうございます」とお礼を言っていますか	
4	不機嫌な表情で、周囲を不快にさせていませんか	
5	身だしなみは清潔ですか	
6	トイレや洗面所、食堂など、公共の場所をきれいに使っていますか	
7	飲食を許可されたところでしていますか	
8	お化粧を電車やバスの中でしていませんか（主に女性）	
9	ドアの開閉、音楽プレーヤー、携帯電話など音への配慮をしていますか	
10	くしゃみやせきなどを、周囲に広げない配慮をしていますか	
11	電車の座席を二人分とっていませんか	
12	必要な場合、先を譲っていますか	
13	傘やナップザック、キャリーケースを持つ時、他の人に当たらない配慮をしていますか	
14	自分が悪い時、素直に謝れますか	
15	時間を守っていますか	

2 日ごろ自分が行っているマナーを書き出してみましょう。

3 これから自分が身につけたいマナーを書き出してみましょう。

2.まずは身だしなみ●●●

身だしなみは仕事のスタート地点

　自宅近くのコンビニエンスストアに行く時に、わざわざスーツに着替えていく人はあまりいないと思います。ところが面接ではスーツを着用して、ひげそりまたはメイクをし、靴を磨くなどいろいろと身だしなみを整えると思います。
　「身だしなみ」の「たしなみ」には、「用意・覚悟」という意味があります。身だしなみを整えるということは、「働く覚悟」や「私は仕事をする準備ができていますよ」というあなたの意志を表すものです。したがって身だしなみが整っていないと、「仕事を一緒にさせてください」と言える立場に立てません。身だしなみという準備の具合によって、仕事のスタート地点に立てているかどうかが決まっているのです。

身だしなみは社会人の基本

　身だしなみには、働く覚悟や仕事への意気込みが込められているので、面接試験のためという期間限定のものではなく、社会人の基本です。
　就職活動中は身だしなみに気を配っていても、入社後に意外といい加減になる人を見かけます。大切なことは「清潔感・健康的・機能的」。入社しても、信頼される身だしなみを継続しましょう。信頼は、築く努力に比べて、瞬時に崩れやすいものです。いつでも、どこでも、どんな場合でも、仕事を気持ちよく一緒にさせていただくために、さわやかな身だしなみを心がけましょう。

靴の手入れが要（かなめ）ともなる

　また、面接官がよく見ているのが靴です。「足元を見られる」ということわざがあるように、足元は相手の気持ちのゆるみ具合を見てとれる箇所です。仕事への真剣さ、気合いを表しますので、出かける前に靴を磨く習慣をつけましょう。
　汚れた靴で成功している人は、まずいません。

身だしなみチェックリスト　女性篇

顔
- □ 就職活動にふさわしい化粧か。濃さは？
- □ ブレス・ケアはしているか
- □ 耳掃除はしてあるか
- □ 化粧くずれに注意
- □ 健康的な印象か

髪
- □ フケはないか
- □ 寝癖はないか
- □ においはないか
- □ 過度なカラーリングになっていないか
- □ 服装にふさわしい髪留めか
- □ すっきりした印象か

アクセサリー
- □ 邪魔にならないか
- □ つけ過ぎていないか

手・爪・香水
- □ 爪は伸びすぎていないか
- □ マニキュアがはがれていたり、汚れていないか
- □ 華美なマニキュアになっていないか
- □ 手や爪が汚れていないか
- □ 香水の香りは強すぎないか

服装
- □ 洗濯をし、清潔か
- □ 古くなって色落ちしていないか
- □ 古くなって生地が傷んでないか
- □ シワになっていないか
- □ ボタンはとれていないか
- □ 就職活動にふさわしい服装か
- □ 袖口はすれていないか
- □ スカート丈は短すぎないか

足元
- □ 服装に合った靴か
- □ ストッキングや靴下に穴があいていないか
- □ 靴下やストッキングがたるんでいないか
- □ 靴は磨かれているか
- □ 踵は磨り減っていないか
- □ 高すぎるヒールではないか

© WECOP Co., Ltd. All rights reserved

身だしなみチェックリスト　男性篇

顔
- □ 目やになど汚れがついていないか
- □ ブレス・ケアはしているか
- □ 無精ひげははえていないか
  （ひげのそり残しはないか）
- □ 耳掃除はしてあるか
- □ 鼻毛がのぞいていないか
- □ 表情は健康的で疲れていないか

髪
- □ フケはないか
- □ 寝癖はないか
- □ においはないか
- □ 服装に合った髪型か
- □ 整髪料の香りは強すぎないか

三角ゾーン●

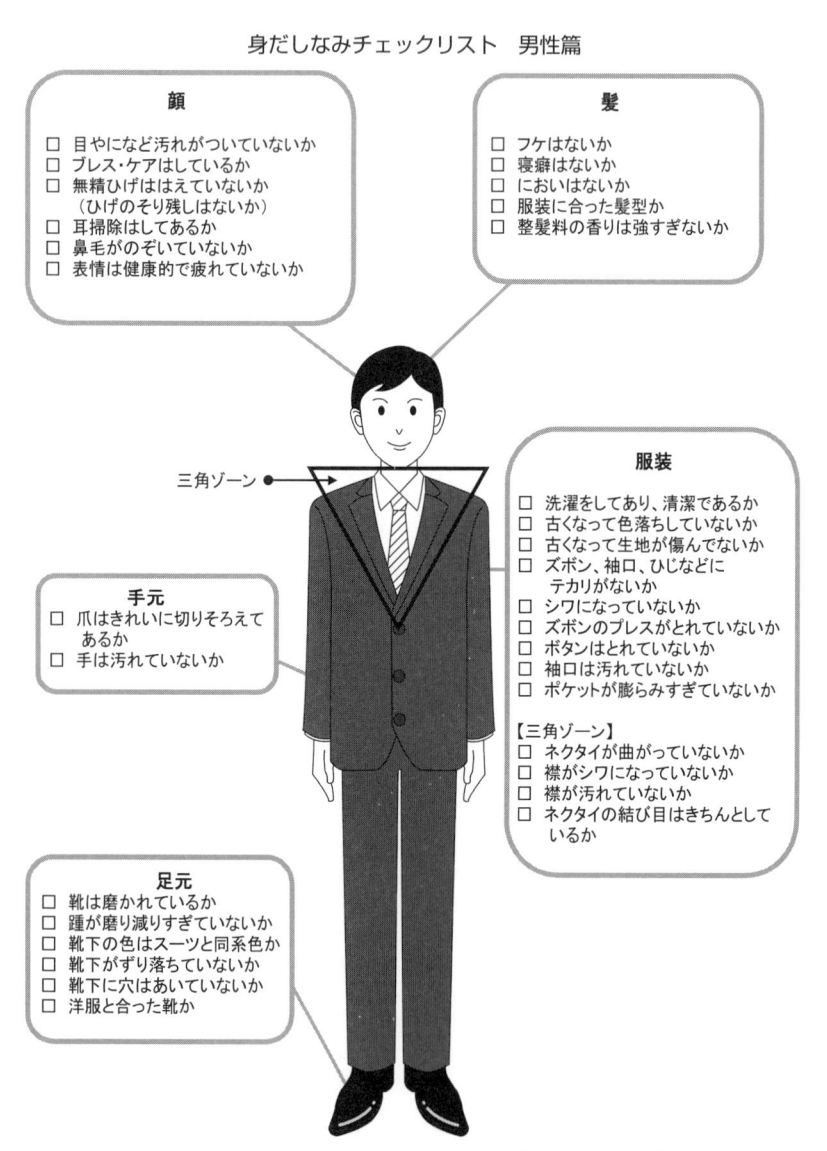

服装
- □ 洗濯をしてあり、清潔であるか
- □ 古くなって色落ちしていないか
- □ 古くなって生地が傷んでないか
- □ ズボン、袖口、ひじなどに
  テカリがないか
- □ シワになっていないか
- □ ズボンのプレスがとれていないか
- □ ボタンはとれていないか
- □ 袖口は汚れていないか
- □ ポケットが膨らみすぎていないか

【三角ゾーン】
- □ ネクタイが曲がっていないか
- □ 襟がシワになっていないか
- □ 襟が汚れていないか
- □ ネクタイの結び目はきちんとして
  いるか

手元
- □ 爪はきれいに切りそろえて
  あるか
- □ 手は汚れていないか

足元
- □ 靴は磨かれているか
- □ 踵が磨り減りすぎていないか
- □ 靴下の色はスーツと同系色か
- □ 靴下がずり落ちていないか
- □ 靴下に穴はあいていないか
- □ 洋服と合った靴か

© WECOP Co., Ltd. All rights reserved

演習 おしゃれと身だしなみ

①おしゃれと身だしなみの違いを考えましょう。

②身だしなみのポイント「清潔感・健康的・機能的」以外に、身だしなみで大切なことを考えましょう。

演習解説

【演習①】 おしゃれとみだしなみの違いを考えましょう。

身だしなみ	おしゃれ
他者中心の視点 （人を不快にさせないようにする、という他者のためにする考えが中心）	自分中心の視点 （自分が気持ちよく過ごす、という自分のためにする考えが中心）
身のまわりについて整えること	身を飾ること
見る人の年齢によって評価は左右されない	見る人の年齢によって評価が左右される
時代や流行にあまり左右されない	時代や流行に左右される
一定の基準がある	基準がない
服装や言葉、態度をきちんと整えるという教養を含む	身なりをよく見せる為に気を配ること

【演習②】 身だしなみのポイント「清潔感・健康的・機能的」以外に、身だしなみで大切なことを考えましょう。

・合理的
・品の良さ、上品
・知的
・信頼感
・控えめ（日本人は控えめなものを好む国民性）など

3. スーツ・靴・バッグの選び方

購入時から面接は始まっている

　自分の身の一部ともなるスーツや靴、バッグ選びは、あなたの小さな決断の結果を表します。リクルートスーツというと一見同じように見えますが、細部はずいぶんと異なります。ほんのわずかな選ぶ時の努力と手入れの仕方で、清潔感、信頼感に違いが表れます。購入時から「あなたがどんな判断をする人か」、という面接がはじまっていると考え、丁寧に選びましょう。

枚数に余裕をもって準備するとよい

　リクルート用のスーツや靴、バッグは、大型スーパーから洋服専門店、デパートなどで販売され、価格やサービスもさまざまです。
　価格の高いスーツは、ラインの美しさや着心地のよさ、しわも早く元に戻る利点があります。ただし1着しか持っていないと、毎日のように同じものを着ることになり、清潔感に欠けるというデメリットがあります。
　就職活動中は意外と汗をかき、スーツの生地は傷み、型崩れします。セットアップ（男性：ジャケット＋パンツ2本、女性：ジャケット＋スカート＋パンツのセット）か、2着セットで揃えておくと、常に状態のよいスーツを着用することができます。
　また、価格の安いスーツは手に入れやすいですが、しわが戻りにくいなど、デメリットもあります。目立つ襟や胸ポケットの縫製など、よれたりしていないか、しっかりとチェックして購入しましょう。

比較検討しましょう

　店によって、特典もさまざまです。必ず試着をして、比較検討して選びましょう。多くの中から選択し、納得して購入したスーツは、見た目の自信につながり、就職活動中のあなたの良きサポーターとなることでしょう。

①サイズが合っていること
②ベーシック（シンプル）であること（生地の織柄が目立つもの、ラインの切り替えの多いもの、ポケットのデザインの凝ったものなどは避けた方が良い）

ワンポイントレッスン！

スーツの選び方	
女　性	男　性
◆ジャケット ・肩幅が合っていること ・首の後ろが身体に沿っている ・袖丈はブラウスが見えない長さ ・着丈はヒップのトップのあたり ・胸まわりは、適度なゆとり ◆スカート丈はひざが半分隠れる ◆パンツはヒップのサイズが合っている（丈は、ヒールが半分隠れる）	◆ジャケット ・肩幅が合っていること ・首の後ろが身体に沿っている ・袖丈はスーツの袖口から１センチ程度出る ・着丈はヒップが隠れる ◆ズボン丈はワンクッションのゆとり

シャツの選び方	
女　性	男　性
◆白のシャツで、シンプルなもの（アイロンをかけるひと手間で、キリッとした信頼ある印象となる）	◆白のシャツ。首周りのサイズが合っていること（クリーニングを怠らないこと）

靴の選び方	
女　性	男　性
◆飾りのないプレーンな黒のパンプス（ヒールはできれば４センチ程度あると、足がきれいに見える） ◆クッション性の高い履きやすい靴を選ぶ ◆先が丸過ぎないものを選ぶ（幼く見える）	◆黒のひも靴 ◆先が丸すぎたり（幼く見える）、細すぎたり（威圧感を与える）しないこと ◆クッション性の高い履きやすい靴を選ぶ

※出来れば靴も２足あると型崩れせず、常に清潔感のある足元となる。

バッグの選び方
◆Ａ４の書類が入るサイズ ◆床に置いた時に、立てておけるもの ◆ファスナーやふたなど、閉めることができ、中味が見えないもの

4. 面接動作

人は「形」から「心」を判断する

　面接で何回も落ちる人の共通点は、「姿勢の悪さ」です。面接官はあなたをパッと見た短い時間で、さまざまな印象を姿・形から感じ取ります。その時の姿勢の悪さは、実際にその人が本当にそうであるかは別として、暗さ、消極性、不健康さをイメージさせます。また姿勢が悪いのと連動して、表情も暗く、声も小さくなり、負のスパイラルに入りやすくなります。

　多くの場合、動作や立ち居振る舞いが安定して整っていると、精神的にも落ち着いているように見え、信頼性を感じます。それは、「今の気持ち」や「日頃の考え方」は言葉だけでなく、実は身体（非言語部分）で表わされると考えるからです。たとえば、猫背は元気のなさを、胸の張りすぎは、本来の力以上に大きく見せようとする気持ちを。まっすぐで自然な姿勢は、素直さを表すと言えます。

　人は、何も話さなくても動作や表情、立ち居振る舞いなどの「形」を通して、あなたの「心」を読み取ろうとするのです。

「形」を整えていけば「心」も整えられる

　しかし、私たちの心や形はいつもベストな状態ではありません。未来や過去への不安や後悔、プレッシャーを感じる時があります。これらを乗り越えるには、私たち人間は「形」を意識して整えることにより、「心」を整えることができるのです。

　自信がない、無理かも…と思う時こそ、微笑んでみましょう。口の端（口角）を左右対称に2・3ミリ上げてください。そして背筋をまっすぐにして、足の指でしっかりと大地（床）をふみしめてみましょう。

　このような、生活の中の小さな形の実践こそが、あなたの生き方の一部となり、面接というごまかしのきかない場で本領を発揮するのです。

基本動作
◇姿勢と歩き方

立った姿勢（GOOD）
- □ 背筋がまっすぐ
- □ 顎を引いて、目線はまっすぐ
- □ かかとは合わせて、45度
- □ 手は両脇に自然に下ろす。あるいは軽く前で手を重ねる

立った姿勢（NG）
- □ 頭が左右どちらかに傾く
- □ 猫背
- □ 肩が左右どちらかが下がっている
- □ ひざが曲がる
- □ 上体が揺れる
- □ 腕組み

◇歩き方

歩き方（GOOD）
- □ 背筋がまっすぐ
- □ 顎を引いて、目線はまっすぐ
- □ つま先は進行方向にまっすぐに
- □ おなかを引っ込め、腰で歩くような感じで
- □ 足をすっと前に出す

歩き方（NG）
- □ 胸をそらしすぎる
- □ おなかを突き出す
- □ 足を引きずる
- □ 肩を揺らす
- □ ばたばた歩く

◇座り姿勢

座り姿勢（GOOD）
- □ 背筋がまっすぐ。背もたれと背中は握りこぶし一つ空く状態
- □ 女性はひざをつける。男性はひざの間に握りこぶし2つ分空く
- □ 両足をそろえる

座り姿勢（NG）
- □ 背もたれに寄りかかる
- □ 足や腕を組む
- □ 足を大きく開く
- □ 深く腰掛けていない

© WECOP Co., Ltd. All rights reserved

◇お辞儀

■3種類のお辞儀

【45度のお辞儀】最敬礼
・深い感謝の気持ち
・深いお詫び
・お願いするとき
・冠婚葬祭

　　大変申し訳ございません。
　　ありがとうございました。

【30度のお辞儀】敬礼、普通礼
・一般的なお辞儀
・お客さまへの応対時
・訪問時

　　いらっしゃいませ。
　　お待ち申し上げておりました。
　　こんにちは。
　　お待たせいたしました。

【15度のお辞儀】会釈
・人とすれ違う時
・2度目のお辞儀
・入室、退室時
・声をかける時

　　失礼いたします。
　　恐れいります。
　　よろしいでしょうか？
　　少々お待ち下さい。

© WECOP Co., Ltd. All rights reserved

■お辞儀のリズム

語先後礼（ごせんごれい）〔言葉が先で礼が後〕

1. 相手を見る
2. 腰から上半身を倒す
3. ゆっくり起き上がり、相手の目にもどる

ワンポイント

- ●ゆっくり起き上がりましょう！
  動作が丁寧で、品のあるお辞儀になります。

- ●お辞儀をするときは、状況に合った表情で！
  悲しいときのお辞儀、感謝のお辞儀、お詫びのお辞儀と色々なお辞儀があります。表情はふさわしいものにしましょう。

- ●心をこめてお辞儀をします

こんなお辞儀は要注意です

1. 首だけを突き出す
2. 歩いたままのお辞儀
3. ペコリお辞儀
4. 相手の顔を見ない
5. 髪の毛が下がるので、首を横に振る
6. 猫背のまま

© WECOP Co., Ltd. All rights reserved

【面接動作の基本的流れ・ポイント】

1．社屋に入る前	・身だしなみを整え、書類などすぐ出せるように準備。 ・携帯電話の電源を切る。
2．受付	・笑顔で、元気よく挨拶、名乗る。 ・廊下で社員とすれ違う場合、「失礼いたします」または会釈をする。
3．待機	・入室時に会釈をする。 ・呼ばれるまで、静かに待つ。 ・ペンをまわしたり、携帯をさわったりしない。 ・名前を呼ばれたら「はいっ」と返事をし、素早く立ちあがる。椅子を静かに机にしまい、呼ばれた箇所まで敏速に動く。
4．入室	・ニコッと表情を整えてノックを2回。 ・ドアの開閉がすんだら、ドアの前で立ち止まり「失礼いたします」と言ってから会釈。
5．座る	・椅子の横（前・後）に立つ。 ・すすめられてから座る。（すすめられない場合も）「失礼いたします」会釈をして座る。 ・イスの背もたれにもたれない。
6．名乗り	・面接番号、氏名などを名乗る。
7．応答	・猫背にならないよう、やや前傾姿勢で相手の目を見て応答する。
8．挨拶	・終了の合図があったら、椅子の横（前・後）に立ち、「ありがとうございました」一礼。
9．退出	・ドアの前で「失礼いたします」一礼。
10．終了後	・大きな声を出さない。速やかに去る。

演習　ご担当者から名刺を頂いたら

名刺を頂くとき、どのようなことに気をつければよいでしょうか。

演習解説

■ポイント
名刺はたった１枚の紙切れですが、「相手の方そのものである」と考え、大切に扱います。

■頂き方
・両手で受け取る。やむを得ない場合「片手で失礼いたします」と言葉を添える。
・頂いたら「〇〇様でいらっしゃいますね。頂戴いたします」とお名前を復唱する。
・胸の高さから下ろさない。
・会社や名前の部分に指をかけない。
・しまう場所は本来名刺入れだが、持っていない場合は手帳などで代用する。（名刺入れ以外に入れる場合は本来マナーに即していないので、入れるところを見られないように配慮する）（ポケットなどに直接入れない）
・面談中は、机の上に置いてもよい。

■物を持つ場合、「軽い物は重く」持ちましょう。
　小さな名刺であっても、軽い物だからこそ重々しく、心を込めて丁寧に持つことで、相手の方を大切にしている気持ちを表せます。

5. 電話の受け方・かけ方

電話は意外と相手の様子が見える

　電話は、声だけが頼りのコミュニケーションです。しかし、話す相手の姿が見えないにもかかわらず、意外に相手の様子がわかるものです。声のトーンや話し方で、その場の状況や応対している態度、雰囲気が伝わります。友人や家族など、その人の普段を知っている場合に「今、寝ていたのかな?」と感じることがありますが、何となく相手の状態がわかるものです。

　状況や体勢を整え、対面時と同じようにして快活に受け答えをしましょう。

声の印象が全て

　まずは、第一声を明るく、はきはきと話します。第一声が、その後の会話の調子を決めます。筆者の失敗談ですが、非通知の電話に暗く出てしまった後、お客様からの電話と知り声を高く変えた、ということがあります。これは本音と建前の切り替えのようで、感じのよいものではありません。どのような状況でも、最初からほがらかで元気よく話すことが重要です。話す前に「ニコッ」と笑う習慣をつけるとよいでしょう。表情が明るいと、連動して声が明るくなります。

電話の特性を知り、有効活用しよう

　また電話の特性として、突発性があります。かかってくる時も突発的ですが、かける時にも同じことが言えます。採用担当者に電話をする前に、先に就職課に伝えるものかどうか、一歩踏みとどまって考えてからかけましょう。

　さらに電話には一方的である、電話代（コスト）がかかることがあげられます。電話特有の言い回しや、やり取りの段取りを身につけ、なるべく短い時間で簡潔に話す工夫が必要です。

電話応対

◇ 受け方の基本

① ベルがなったら周囲の音を静かにして(静かな所に移動して)
   すぐに出る(2コール)

② 受話器は利き手と反対の手
   メモの準備　ひじはつかない　姿勢を正す

③ 名乗る

| はい(おはようございます) |
| ○○でございます。 |

④ 相手を確認し、
   あいさつする

| △△(会社)の□□様でいらっしゃいますね。 |
| いつもお世話になっております。 |

⑤ 用件を伺い
   復唱確認する

| はい、かしこまりました。 |
| ～でございますね。 |

⑥ 締めくくりの挨拶

| ありがとうございました。 |
| 失礼いたします。 |

電話応対の基本ポイント

- □ ベルが鳴ったらすぐに出る(2コール)
- □ 第一声はさわやかに
- □ 名乗りはしっかりと
- □ 目の前に相手がいるつもりで
- □ 正しい言葉をはっきりと話す
- □ 必ずメモをとり、復唱する
- □ 聞きとりにくいときは・・・「少々、お電話が遠いようですが」
- □ 受話器は丁寧に、先方が切ったのを見計らって静かにおく
- □ 長くなりそうなときは、最初に大丈夫かどうかをたずねる

© WECOP Co., Ltd. All rights reserved

◇ かけ方の基本

① メモ、筆記用具、必要な書類を用意する
　伝えたいことは、メモにまとめておく
　先方の忙しい時間帯（朝、午後一番や終業前）を避ける

② 相手が出たのを確認したら名乗る

> （おはようございます）、私○○大学の
> ○○学部の山田と申します。

③ あいさつをする

> いつもお世話になっております。

④ 取次ぎを頼む

> 恐れ入りますが、□□様をお願いいたします。

⑤ 名指し人が出たら、あいさつをする

> ○○大学○○学部の山田と申します。
> （いつもお世話になっております）。

⑥ 用件は、簡潔に明確に話す
　長くなりそうならば、相手の承諾を得る

⑦ 終わりのあいさつ

> それではよろしくお願いいたします。
> 失礼いたします。

⑧ 電話を切る
　かけ手から先に切るのが原則
　しかし、お客様や目上の人なら、
　相手が切ってから電話を切る

© WECOP Co., Ltd. All rights reserved

演習　電話の受け答え

[1] 携帯電話に企業の採用担当者から電話がかかってきましたが、周囲の音がうるさくて聞きとりづらい状況です。どのようにしますか？

[2] 採用担当者に電話をしました。不在で3時に戻る予定で、戻り次第かけなおすと言われましたがどうしますか？

[3] 聞き違いを防ぐために、復唱は言い方に工夫をします。下記の設定で「　　」の言葉を工夫して復唱をしてみましょう。

■設定：電話を受けている日は9月15日（水）
■「明後日、13時に渋谷支店のD会議室ですね」

演習解説

【演習①】（携帯電話に企業の採用担当者から電話がかかってきましたが、周囲の音がうるさくて聞きとりずらい状況です。どのようにしますか？）

　周囲がうるさければ、静かな所へ移動するために、いったん切ってかけなおす許可を得ます。その際、相手の声が小さくて聞きとりづらい、というニュアンスにならないよう「お電話が遠い」という決まり文句を用います。
　「申し訳ございません。少しお電話が遠いようですので、移動いたします。恐れ入りますが〇分後にこちらからお電話をさせていただいてもよろしいでしょうか。」

【演習②】（採用担当者に電話をしました。不在で３時に戻る予定なので戻り次第かけなおすと言われましたがどうしますか？）

　かけなおすと言われても、いったんはこちらからかけ直すことを申し出ます。電話にはコストがかかるのと、かけた方に用事があるためです。
　「ありがとうございます。こちらからのお願いごとですので、３時頃に私からお電話をさせていただきますが、よろしいでしょうか。」申し出ても先方がかけるとおっしゃれば、お言葉に甘えてよいでしょう。

【演習③】（聞き違いを防ぐために、復唱は言い方に工夫をします。下記の設定で「　　」の言葉を工夫して復唱をしてみましょう。）
　■設定：電話を受けている日は９月15日（水）
　■「明後日、13時に渋谷支店のD会議室ですね」

「みょうごにち、じゅう**なな**にちの、金曜日、午後**いち**じに、しぶやしてんの**デー**会議室ですね。」
・情報を追加する
・聞き間違いやすい発音は言い換えたり、はっきりと発音する。
「**いち**(1) と **ひち**(7)⇒**なな**」「**しぶや** と **ひびや**」「**びー**(B) と **でぃー**(D)⇒デー」

6.ビジネス文書&メール ●●●

文書は記録に残る

　文書やメールは、対面や電話でのコミュニケーションと違い、レイアウトなどのビジュアル面と記録性が高いツールです。間違いも残りやすいので、正確に、わかりやすく、丁寧に書きましょう。

定型を守りつつ、簡潔に気持ちを伝える

　採用担当者は多くの仕事を抱えています。すぐに内容が理解される簡潔な文章と、貴重な時間を割いて読んでいただくという謙虚な表現が求められます。文書には、わかりやすく伝わるように、構成が決まっています。それらの定型を守りつつ、その中にも自分の気持ちを素直に表現しましょう。

文書のツールには格がある

　文書はメール、はがき、手紙の順で格は上がります。ビジネスでのお礼の場合、メールでも失礼にあたりません。ただし、非常にお世話になり、深い感謝の気持ちを表したい場合は手間をかけて手紙を書くなど、状況によって使いわけることが大切です。
　手書きの場合、ペンの種類や用紙にも格があり、黒か濃紺色の水性ペン（万年筆）や白の無地の紙が、ビジネスにふさわしいものです。

書いた後、受け取る相手の気持ちになって見直す

　書き終えて送る前に、常に「受け取った相手はこの文を読んで、どう感じるだろう？」と想像して、文章を見直しましょう。メールの特性は即時性ですので、このように吟味せずに送信してしまいやすくなります。毎回、失礼な文章表現になってい

ないか、お願いなのに自己中心的な文になっていないかなど、自分の立場を考え、受け取る相手になったつもりで読み直しましょう。

【メールのポイント】

・ひと目でわかる件名にする。
・やたらと長く書かない。（スクロールせずに読める長さにまとめる）
・要件を簡潔に伝える。（1行30文字程度が目安）
・文章は結論から先に。必要であれば箇条書きを用いる。
・読みやすいように、改行する。

【メールでのお礼状の基本構成】

件名：〇月〇日説明会御礼（△大学　山田）

株式会社　〇〇会社
人事部　採用御担当〇〇〇〇様　【宛名（正式名称）】　｝①宛先

お世話になりましてありがとうございます。　【簡単な挨拶】　｝②前文

昨日、御社の説明会に参加させていただきました△大学△学部
3年の山田太郎です。　【名乗り】

説明会では、御社の経営方針や教育内容をわかりやすくご説明
いただき、誠にありがとうございました。　【お礼】

以前から御社に興味をもっておりましたが、お話を伺い、
創業理念の「〇〇」に改めて心打たれました。
是非とも御社で、「〇〇」を実現する一員として、精一杯仕事を
させていただきたいと思っております。　【感想・意気込み】　｝③主文

改めて面接に伺う際は、何とぞよろしくお願いいたします。
まずは、御礼を申しあげます。　【今後のお願い・結びの挨拶】　｝④末文

〇大学　〇学科3年　【名前・連絡先】
山田太郎
〒×××××
電話（携帯）◇◇◇　｝⑤署名

演習 メールのお礼状の間違いは？

メールによる下記のお礼状の間違いを探し、修正しましょう。

（株）日本会社
　人事部　山田太郎　各位殿

前略　　○○の候　　弊社ますますご健勝のこととお喜び申し上げます。
このたびは、お忙しい中、資料をお送りいただきましてご苦労様でした。
弊社の創業理念を詳しく拝見させていただき、たいへん興味を持ちました。
また、説明会の日程についても了解しました。
これからも、どうぞよろしくお願いいたします。
まずは、取り急ぎ御礼まで。
　　　　　　　　　　　　　　　　　　　　　　　　　　　草々

○大学　○学科３年
山田太郎
〒×××××
電話（携帯）◇◇◇
メールアドレス

演習解説

(メールによる下記のお礼状の間違いを探し、修正しましょう。)

――― 修正前 ―――

₁(株) 日本会社
　人事部　山田太郎　₂各位殿

₃前略　○○の候　弊社ますますご健勝のこととお喜び申し上げます。
このたびは、お忙しい中、資料をお送りいただきまして₄ご苦労様でした。
₅弊社の創業理念を詳しく拝見₆させていただき、たいへん興味を持ちました。
また、説明会の日程についても₇了解しました。
これからも、どうぞよろしくお願いいたします。
まずは、取り急ぎ御礼まで。

　　　　　　　　　　　　　　　　　　　　　　　　　　　　　　草々

○大学　○学科3年
山田太郎
〒×××××
電話(携帯)◇◇◇
メールアドレス

――― 修正後 ―――

株式会社　日本会社
人事部　山田太郎　***様***

このたびは、お忙しい中、資料をお送りいただきまして**ありがとうございました**。
御社の創業理念を詳しく拝見***し***、たいへん興味を持ちました。
また、説明会の日程についても、**かしこまりました**。
これからも、どうぞよろしくお願いいたします。
まずは、取り急ぎ御礼まで。

○大学　○学科3年
山田太
〒×××××
電話(携帯)◇◇◇
メールアドレス

1　(株)のように省略しない
2　各位⇒複数宛　殿⇒目下や社内での敬称
3　「前略　○○の候　弊社ますますご健勝のこととお喜び申し上げます」など手紙の形式は必要ない。したがって結語である「草々」もいらない
4　「ご苦労様でした」は目下への言葉遣い
5　弊社は、その会社の人がへりくだって言う言葉
6　拝見させていただくは、二重敬語
7　「了解しました」は同等への言葉

Chapter 4 インターンシップ

1. インターンシップは何のため？

インターンシップとは

インターンシップとは、学生が一定期間企業等の中で研修生として働き、職場体験、職業体験を行える制度です。いわば、社会人の予行演習のようなものです。働くということがどういうものかを体感することで、自分がどんな仕事をしたいのか、どんな働き方が向いているのかなどに気づくきっかけになるかもしれません。

インターンシップに参加する目的

インターンシップに参加する目的には以下のようなものがあると考えられます。
・就職活動前に実際の職業の世界に触れることで、自分の職業観や働く意味について考え直す
・社会人としてのライフスタイルを経験することで将来社会に出ることについて具体的な心の準備をする
・自分の能力や適性を知る
・自分の専門分野と社会をつなげることで、専門分野を学習する意味を知る
・実社会を生きる知識やスキルを知り、その後の大学生活の課題を見つける

他にも目的は挙げられると思いますが、重要なのは、「自分はなぜこの時期に、この企業でインターンシップをするのか」を十分に考えて、自分にとっての明確な目的を持って取り組むことです。

2.インターンシップの選び方

インターンシップの種類

分類方法によっても、以下のようにさまざまなものがあります。

①期間による分類

　　1日あるいは数日のものから、数か月から半年に及ぶ長期のものもあります。通常は2週間から4週間程度で、多くは夏季休暇中に実施されます。

②内容による分類

　　実施される日数や企業の目的によって、「会社見学型」「業務体験型」「問題解決型」「講義セミナー型」などの内容があります。

③報酬による分類

　　日本のインターンシップは無償であることが原則ですが、企業によっては一定の報酬を出すケースもあります。事前に内容をしっかり確認することが大切です。

④運営母体による分類

- 大学がインターンシップを単位化して、企業と組んで行う
- NPO法人など非営利の団体が社会教育活動の一環として行う
- 企業や官公庁が独自に募集して行う
- 人材育成などを手掛ける企業が主催し、提携企業に紹介する

インターンシップ先の探し方

行きたい会社に直接申し込む以外の方法として、以下の3つがあります。

①学校で探す

　　「就職部」「キャリアセンター」を利用しましょう。インターンシップについての情報が掲示されていることもあれば、ホームページで告知している場合もありま

す。まずは、就職部の担当者に相談してみましょう。
②就職情報サイトを利用する

　各就職情報サイトでも、インターンシップの情報を掲載しています。このようなサイトにはさまざまな規模や業界、職種のインターンシップが集まります。
③あっせん会社で探す

　インターンシップを取り入れている企業と参加したい学生の橋渡しをしている会社があります。ホームページにはさまざまな情報が集まっていますので参考にしてみるとよいでしょう。

3.インターンシップで必要なこと●●●

マナー

　職場というのは、さまざまな年齢や立場、役割をもった人々で構成されています。このような場所で実際の仕事を経験するインターンシップは、同時に一人の社会人として生きていくためのマナーを身につける絶好の機会です。身だしなみや立ち居振る舞い、話し方（挨拶、敬語）など、基本的なことを学んでからインターンシップに臨みましょう。

積極的な学びの姿勢と感謝の気持ち

　受け入れ会社の社員の方々は、自分の仕事を抱えて忙しい上に、自分の時間を割いてインターン生に接してくれているという感謝の気持ちを、まずは忘れないようにしましょう。その意味でも、受け身ではなく自分から積極的に取り組み、一つでも多くのことを学ぶ姿勢が大切です。

ホウ・レン・ソウ

　「報告」「連絡」「相談」の頭文字をとってホウレンソウと言いいます。これは仕事を行ううえでの基本となるコミュニケーションのことです。仕事の進捗状況を報

> ほうれんそう？

告する、伝言を預かったら正確に連絡する、わからないことがあったら相談する、などです。いずれの場合も、「結論から話す」「簡潔にまとめる」ことを心掛けましょう。

PDSサイクル

PDSサイクルは、次の3つから成り立っています。

    P（PLAN）：計画を立てる、目標を設定する
    D（DO）：行動する、実行する
    S（SEE）：振り返る、見直す

P→D→S→P→D→S→P→……と回しながら業務改善に役立てる仕組みです。

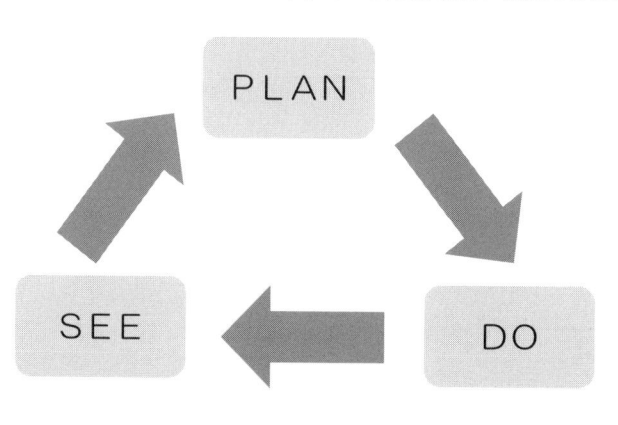

日々の取り組みをPDSサイクルに基づき記録していくことで、終了時には自分の得手不得手や成長できた点、欠けている点などが発見できるでしょう。これらは深い自己分析にも役立ちます。また、社会人になってからも日々の業務の中で活かせる手法ですので、この機会に身につけておくとよいでしょう。

4.インターンシップを成功させる ●●●

　受け入れ先の企業が決まったら、あなたのインターンシップがより効果的なものとなるよう、以下のワークシートを活用しましょう。

　これらに記入することで、そのインターンシップをあなただけの貴重な体験として残してください。その後取り組む就職活動や、社会人になってからもきっと役に立つ記録となるでしょう。

演習　インターンシップを成功させるワークシート

ワークシートの種類	作成タイミング
① 受け入れ企業について	受け入れ先企業が決まったら
② 事前作業	インターンシップ開始前
③ 中間作業	インターンシップ半分経過時点
④ 事後作業	インターンシップ終了後

ワークシート1:受け入れ企業について

あなたがインターンシップに行く企業について調べましょう。

■企業名

■住所・電話番号

■受け入れ担当者名

■業界

■企業理念

■事業内容

■その他

■自己紹介(事前にまとめてみましょう)

ワークシート２：事前作業

インターンシップに参加しようと思ったきっかけや動機を整理しておきましょう。

①インターンシップで経験したいこと

②インターンシップで身につけたいこと

③インターンシップで経験したい具体的な仕事や、やってみたいこと

④③をやってみたい理由

ワークシート３：中間作業

インターンシップの中間の時期に、振り返りをしましょう。

①インターンシップで経験したいことのうち……
　■できていること

　■できていないこと

②インターンシップで身につけたいことのうち……
　■できていること

　■できていないこと

③インターンシップで経験したい具体的な仕事や、やってみたいことは……
　■できているか？

　■できていないならば、それはなぜか？

④残りの日程でやりたいこと

ワークシート４：事後作業

インターンシップ終了後に、振り返りをしましょう。

①インターンシップで経験したいことのうち……
　■できたこと

　■できなかったこと

②インターンシップで身につけたいことのうち……
　■できたこと

　■できなかったこと

③インターンシップで経験したい具体的な仕事や、やってみたいことは……
　■できたか？

　■できなかったなら、それはなぜか？

④全体を通じた感想

Chapter 5 成功する履歴書の書き方

1. 履歴書とは

　履歴書とは、学業や職歴などの自分の今までの履歴を書く書類です。また、資格や自己PRなどを書く欄もあり、自分をアピールする材料でもあります。

　最近はエントリーシートを導入する企業も増えていますが、中小企業を中心に、「履歴書持参」を条件にするところもかなり多くあります。

　どのような字でどのような内容が書かれているか。貼付されている写真から受ける印象はどうか。採用担当者は履歴書から実に多くの情報を読み取り、面接に呼んで直接話をしたい学生かどうか、ひいては、一緒に仕事をしたいと思える学生かどうかを判断しているのです。

履歴書の書き方の原則

●**手書きで丁寧に**

　記入は必ず自筆で、筆記用具は万年筆かボールペン（黒か紺色）を使用します。間違ったときは修正ペンなどは使わずに書き直します。下手でも構わないので、丁寧に書くよう心がけましょう。

●**写真は必ず貼る**

　「写真貼付」と明記されていなくても、写真は貼るのが原則です。面接の前にその人の印象を決めるのが写真ですから、スピード証明写真ではなく、写真館で撮っておいた方がよいでしょう。ネガ付きのものにすれば焼き増しも可能です。また、はがれてしまった時のことを考え、裏面に学校名、学部、氏名を書いておきましょう。

履歴書で重点を置く項目は2つ

履歴書の項目の中で採用担当者が特に注目して見るのは次の2つです。

　　　　　①自己PR　　　　②志望動機

この2点をしっかりと押さえて書けば、アピール度の高い履歴書が完成します。

履歴書のつくり

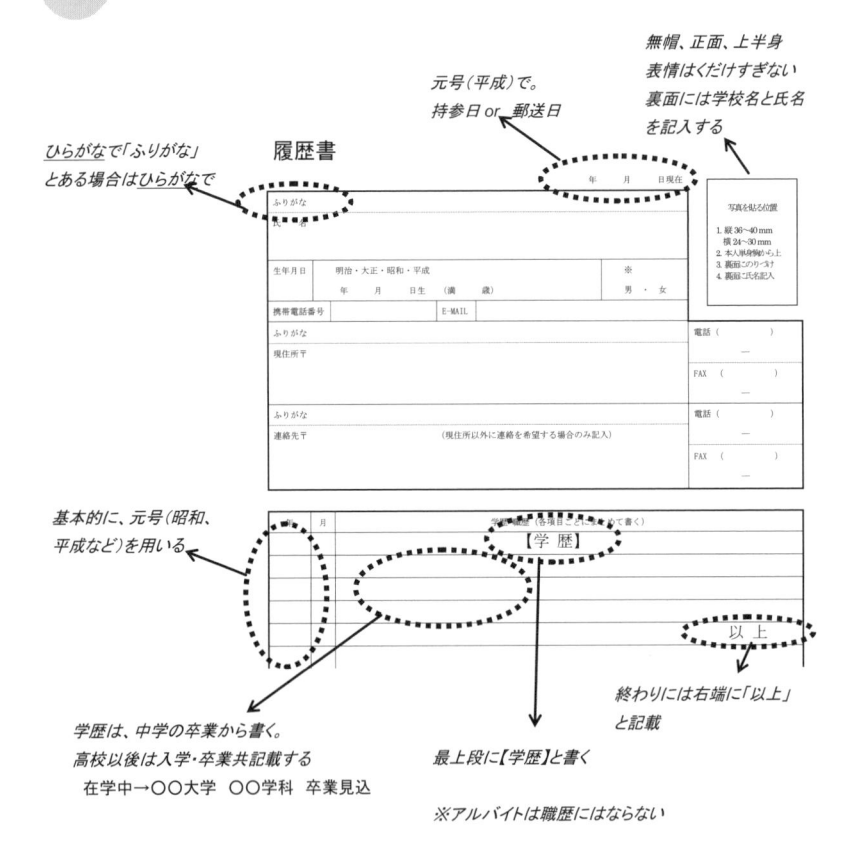

ひらがなで「ふりがな」
とある場合はひらがなで

元号（平成）で。
持参日 or 郵送日

無帽、正面、上半身
表情はくだけすぎない
裏面には学校名と氏名
を記入する

履歴書

　　　　　　　　　　　　　　　　　　　　年　月　日現在

ふりがな					
氏名					
生年月日	明治・大正・昭和・平成　年　月　日生（満　歳）			※	男・女
携帯電話番号		E-MAIL			
ふりがな 現住所〒				電話（　）　－　 FAX（　）　－	
ふりがな 連絡先〒		（現住所以外に連絡を希望する場合のみ記入）		電話（　）　－　 FAX（　）　－	

写真を貼る位置
1. 縦36〜40mm
　横24〜30mm
2. 本人単身胸から上
3. 裏面にのりづけ
4. 裏面に氏名記入

基本的に、元号（昭和、
平成など）を用いる

年	月	学歴・職歴（各項目ごとにまとめて書く）
		【学　歴】
		以　上

学歴は、中学の卒業から書く。
高校以後は入学・卒業共記載する
　在学中→○○大学　○○学科　卒業見込

最上段に【学歴】と書く

※アルバイトは職歴にはならない

終わりには右端に「以上」
と記載

Chapter 5 ● 成功する履歴書の書き方

年	月	免許・資格

あるものはすべて書く
資格取得に向けて勉強中のものがあれば積極的に記載
⇒ <u>意欲をアピール</u>

通勤時間 約 時間 分	扶養家族数	配偶者	配偶者の扶養義務
最寄り駅 線 駅	(配偶者を除く) 人	有・無	有・無

特技・趣味・アピールポイント等

志望の動機

最重要ポイント！

本人希望記入欄（特に給料・職種・勤務時間・勤務地・その他についての希望などがあれば記入）

保護者（本人が未成年者の場合のみ記入）		電話（ ） －
ふりがな		
氏 名	住 所 〒	FAX（ ） －

2. 自己PRの書き方 ●●●

　自己PRとは、読んで字のごとく自分をPRすることですが、ただの自慢話ではいけません。自分はどういう人間か、を相手に納得させることが必要です。あくまでも、それを読むことで「相手がどう思ったか」が重要です。

　就職活動でいえば、採用担当者がそこを読むことで「この学生は仕事をがんばれる人かどうか」を判断します。つまり、そのことが伝わるように自己PRを作成する必要があるということです。

　自己PRを作るとき何より肝心なのは、まず「自己分析」をするということです。当然のことですが、自分のことをわかっていないとアピールのしようがないからです。ここでは、3種類の方法で自己分析をしてみましょう。

演習　自己分析その1～自分の歴史を振り返る

　まず、一番簡単な自己分析の方法は、自分の歴史を振り返ることです。自分はこれまでどのような人生を送ってきたのか？　これからどのようになりたいのか？を【過去】【現在】【未来】に分けて見つめなおしてみましょう。

　右のページにワークシートがあります。それぞれ以下の点に注意しながら各項目を埋めてください。

【過去】今までの、私生活、学校生活で印象深かった出来事など
　人は、過去の経験や環境などによって人間形成がなされますので、過去を振り返ることは自己分析をする上で極めて重要な作業です。生まれてから今日まで、家庭生活や学校生活においてどんなことが印象的なこととして思い出されますか？いい思い出も嫌な思い出も全部ひっくるめて、現在のあなたを作る経験となっているのです。家族との思い出、クラブ活動、勉強や受験、友達関係でもいいでしょう。それらの印象深い経験から学んだことや身に付いたことが、自己PRにつながっていきます。

【現在】長所と短所、好き嫌い、得意なことと苦手なことなど

次に現在の自分を分析します。長所や短所、好き嫌い、得意なことと苦手なことなどを把握しましょう。この、現在の自分の確認作業で気を付けたいことは、いつ、どんなきっかけでそうなったのかも一緒に思い出すことです。先に確認した過去で書き出した中に、そのベースとなる経験やきっかけがあるかもしれません。

【未来】将来の夢や目標、どんな自分に成長したいのか、など

未来のことは、今考えても誰にもわかりません。しかしながら、将来の夢や目標、目的などを持つことで、自分の進むべき道が見えてくるのではないでしょうか。これから何を目的として働くのか、何を手に入れようとするのか、どんな状態やモノを得ようとするのか、どんな自分に成長したいのか……などを具体的にしていく必要があります。もしどうしてもわからないという人は、漠然とでも構いません。将来「なりたい自分」を思い浮かべるのも、自己分析する上で必要なことです。

過去	【例】中学の部活でバレー部のキャプテンを経験。初めはメンバーがまとまらずに苦労したが、一人ひとりに声を掛け続けることで徐々に信頼されてチームがまとまっていき、地区大会で優勝するまでになった。
現在	（なぜ、そうなったのかというきっかけや理由も） 【例】得意なことはお菓子作り。きっかけは、高校時代のアルバイトでケーキ屋さんに勤めて間近で作り方を見ていたから。それをプレゼントして誰かが喜ぶ顔を見ることが大好き。
未来	【例】世界を股にかけて活躍するデザイナーになりたい。着るだけでハッピーになれるような洋服をデザインして、自分の会社を持ちたい。

演習 自己分析その2〜トランスファラブル・スキル

　トランスファラブル・スキル（transferable skill）とは、ある仕事や状況で身に付けたスキルのことで、別の仕事や状況でも役立つスキルのことです。つまり、「転用・応用可能なスキル」と言えます。自分には何も取り柄がないと感じている人でも、実は小さいころからの趣味や特技の中で身につけた能力が、仕事やこれからの社会生活において大いに役立つということがあります。これは、一歩踏み込んだ自己分析となります。
　下に、あなたのトランスファラブル・スキルを書き出してみましょう。

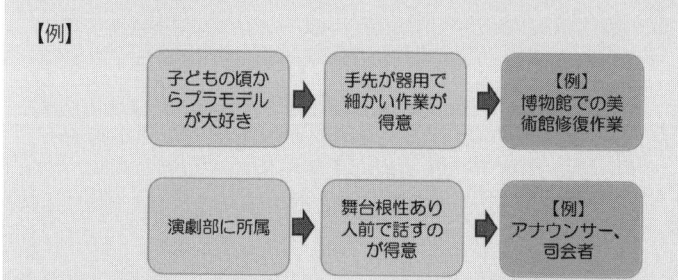

【例】

子どもの頃からプラモデルが大好き → 手先が器用で細かい作業が得意 → 【例】博物館での美術館修復作業

演劇部に所属 → 舞台根性あり人前で話すのが得意 → 【例】アナウンサー、司会者

【例】高校で生徒会長を務めた	・リーダーシップがある ・人前で話すのが得意 ・人から信頼される　　など
【例】小中高を通して、無遅刻無欠席の皆勤だった	・体調管理ができる ・健康で身体が丈夫である ・忍耐力、持続力がある　など

演習 自己分析その3〜他己分析

自己分析をするうえで、他己分析というのも役立ちます。自分以外の人に、自分のことを分析してもらう、というものです。時として、自分が思っている自分と周囲から見た自分が違う、ということがあるものです。家族や友人、先生、バイト先の人など、機会を見つけてできるだけいろんな立場の人から他己分析をしてもらうとよいでしょう。それらの内容が、あなたの自己 PR に新しい要素を付け加えるヒントになるかもしれません。

下のワークシートにクラスメイトから聞き取ったあなたについての他己分析内容を書き出してみましょう。

(例)
・一見おとなしそうに見える。話してみると活発でユーモアがある。
・リーダーシップがあり面倒見がよい。とても繊細な面もある。

演習 自己PRを作成してみましょう

　これまで、3種類の方法で自己分析をしてきました。それでは、それらを総合して実際に自己PRを作成してみましょう。自己PRを作成する際には、以下のような構成を念頭に置いて組み立てるとより効果的です。

1. 一番アピールしたいポイントを設定する（1文でまとめる）
2. 1.を証明する具体的な経験、エピソードを書く
3. その経験を通じて得たこと、学んだことを述べる
4. 3.を仕事をしていく上でどのように活かしていくか、で締めくくる

　上記の構成を参考にして、右ページのワークシートに自己PRを作成してみましょう。できれば複数のパターンを用意して、志望先企業や志望職種によって使い分けることができるとベストです。

【例】
厳しい仕事にも耐えられる忍耐力があります。
私は、アルバイトとして、あるカフェのオープニングに関わりました。仕事は非常に厳しく、当初12人いたスタッフは次々に辞め3カ月後には2人にまで減りましたが、私はそのうちの1人として残り、今ではチーフとして後輩の指導をするポジションにまでなりました。私はこの忍耐力でどんな困難にも立ち向かい、御社でも人一倍がんばります。

【例】
私は、一度始めたことは途中で諦めずに、上達するまで粘り強く努力し続けます。たとえば、柔道は10年間、水泳は8年間、英会話は4年間続けており、継続することの大切さと努力は必ず自らの力になることを学びました。私は、仕事においても中途半端なことはせず、成果が出るまで必ず努力し続けます。

自己PR ①

自己PR ②

自己PR ③

3.志望動機とは ●●●

志望動機とは未来を語ること

採用選考で重要視される2つのポイント

①自己PR…　これまでに何をしてきたか　【過去】
②志望動機…これから何をしていきたいか【未来】

未来を考えるためには、過去（これまでの人生）を振り返ることが先決。
過去の経験が基礎となり、それが動機となって未来へつながっていくもの。

⬇

■自己PRを作るために振り返ってきた自分自身についてのエピソードで使えるものはないか？
■その会社を志望するにあたって、調べたこと、経験したことで使えるものはないか？

【例】
ファッションアドバイザーの仕事を志望します。
私は、ある衣料品店でアルバイトをした際に御社の商品の魅力を深く知り、御社で働きたいと思うようになりました。自分がコーディネートを提案し、お客様に喜んで買っていただくことが私の喜びです。御社のさまざまな商品でお客様をトータルコーディネートし、売上も伸ばせるようにがんばります。

【例】
御社の経理部門を志望します。
企業説明会でのお話に大変感銘を受けました。その後社員で大学の先輩である○○○○様に御社のことを伺い、ますます興味を持ちました。数字に強いこと（珠算検定2級、簿記検定2級）、几帳面なこと（どんなことでもすぐメモします）を活かして経理のプロを目指します。

志望動機を書くときの注意点

以下のような記載にならないよう注意しましょう。

NG 表現	なぜ NG なのか
○○という仕事がしたいからです。	その会社でなくても同業他社でもできるのでは？
できるだけがんばります。 お役に立てると思います。	消極的過ぎる。 意欲が見えてこない。
基本的には御社が第一志望です。	「基本的に」ということは、違う場合もある？
○○に関する仕事が昔から大好きだったからです。	好きだから志望していることは当たり前。その上で、自分は何ができるかをアピールするべき。
御社の企業理念に魅力を感じたからです。	HP を見れば誰にでも書けること。抽象的過ぎる。

4.履歴書の送付

添え状(送り状、送付状)とは

履歴書を送付するときには、添え状を添付します。その役割は、
 ①挨拶をする…本来文書は手渡しが最も丁寧。
      郵送するのであるから簡単な挨拶が必要。
 ②通知する……どのような用件で、誰が、何を、何通送るのか、
      などという点を記載する。

~添え状の例文~

                   平成〇年〇月〇日

〇〇株式会社
 採用担当　〇〇様

             〇〇大学　〇〇学部　〇〇学科
               氏　　　名

       履歴書の送付について

(一文字分空ける)

(拝啓)

 ■〇〇の候　貴社ますますご清栄のこととお喜び申し上げます。

 ■先日は会社説明会に参加させていただき誠にありがとうございました。貴社の経営方針や具体的な仕事内容に関して十分理解でき、貴社に入社したいという思いがますます高まりました。今後さらに企業研究を進め、貴社に対する理解を深めたいと思います。

 ■つきましては、ご指定のありました下記の書類を同封いたしましたので、よろしくお願いいたします。

                 (敬具)

        記
          (頭語＋結語＝ルール)
       履歴書　1通

                 以上

封筒の書き方

宛名の書き方にも、ビジネスマナーが問われます。
丁寧に、正確に書きましょう。

例題：あなたが、以下の担当者に履歴書を送ります。
　　　下の封筒の表と裏に、必要事項を書いてください。
【送付先】〒123-4567　東京都千代田区丸の内2-3-5
　　　　　　　　　グランドビル4階
　　　　　　　（株）ドリーム　人事部　採用担当　宛

裏面　　　　　　　　　表面

封書の宛先までしっかり書いて履歴書作成が完了です。
最後まで気を抜かないよう丁寧に!

Chapter 6 成功するエントリーシートの書き方

1. エントリーシートとは

エントリーシートとは実質的な一次選考試験

　エントリーシートとは、いわば「各企業独自の履歴書」で、その企業が採用したい人材を選ぶために質問項目が工夫されています。主な項目は「自己PR」「志望動機」「入社後にやりたいこと」などですが、ひねった質問をしたり、ある程度長めの文章を記述させたりして、学生の知識や志望意識の高さなどを判断しています。エントリーシートの書き方次第で、会社説明会や面接日時の案内が来ないなどということもあり得ます。つまり、エントリーシートは、実質的な一次選考試験であるともいえるのです。

　エントリーシートを入手するにはいくつかの方法があります。WEBサイト、はがき、電話やファックス、会社説明会への参加などです。志望する企業がどの形式をとるのか、また提出方法や締切などについても早めに確認しておきましょう。

プレエントリー

　近年は、正式なエントリーシートの提出に先立ち「プレエントリー」をさせる企業も増えてきました。通常はホームページで専用フォームに記入して送信することで完了し、プレエントリー後は専用WEBページやメールで、採用試験のスケジュール確認や申込みができるようになります。就職活動中に志望が変わった場合にも慌てずに済むよう、少しでも興味のある企業に関しては、プレエントリーをして採用情報を入手しておきましょう。

事前準備について

エントリーシート、プレエントリーともども、仕上げるのには思った以上に時間がかかります。複数企業の提出締め切りが重なることもあることから、事前に以下のポイントについて整理し、ノートにまとめておくとよいでしょう。

・データ情報：学歴、資格、免許などの詳細について
・よくある質問の回答：自己PR、学生時代に力を入れたこと、など

★エントリーシートの入手方法

インターネット	志望企業のホームページ上で作成し、直接送信する。または、シートをプリントアウトして記入し、郵送する。
はがき	資料請求用のはがきか官製はがきで請求する。「志望動機」や「自己PR」の欄があることも。
電話・FAX	既に本格的な就職活動期に入っていたら、直接採用担当者にコンタクトを取るべき。相手は仕事中で忙しいと想定し、要点をまとめて簡潔に話すこと。
会社説明会・セミナー参加	セミナー会場で配布される。その場で記入させられる場合もあるので、データ情報やよくある質問の回答を準備して行くとよい。

2. エントリーシートを書くときの注意点 ●●●

「面接」を想定して書こう

エントリーシートは企業の採用選考への入り口ですが、その先にある面接にまでたどり着けなければ意味がありません。人事担当者に「この人に会ってみたい」と思わせるよう、自分の魅力を最大限アピールできるものにする必要があります。

またエントリーシートは、面接の際には質問の参考資料となります。どんなことを書いて提出したかを忘れないように、提出前にはコピーを取るなどして控えをおいておきましょう。

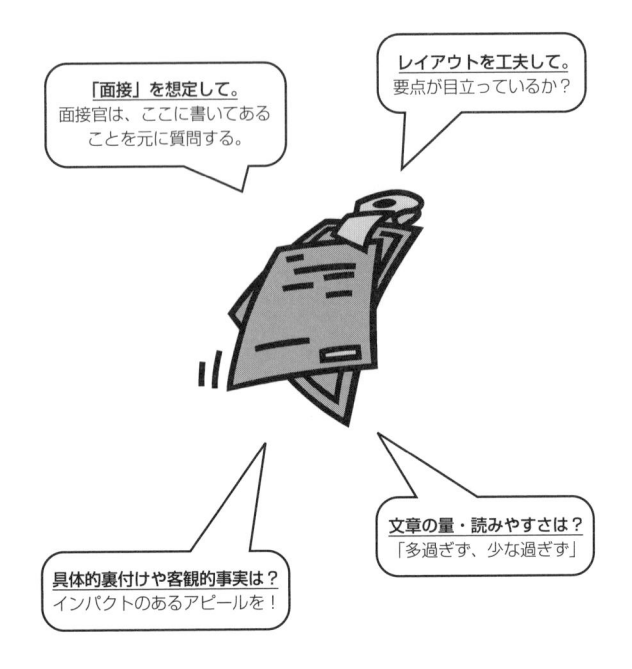

「面接」を想定して。
面接官は、ここに書いてあることを元に質問する。

レイアウトを工夫して。
要点が目立っているか？

文章の量・読みやすさは？
「多過ぎず、少な過ぎず」

具体的裏付けや客観的事実は？
インパクトのあるアピールを！

レイアウトを工夫する

　人事担当者は、短時間に多くのエントリーシートを見なければなりません。どんなに良い内容が書かれていても、あまりに見栄えの悪いものは初めから読む気をなくしてしまいます。読みやすく丁寧な字で書くことはもちろん、見出しを付けたり改行やスペース、記号を利用するなどして、要点が目立つように工夫しましょう。

文章の量と読みやすさを考慮する

　分量は「多過ぎず、少な過ぎず」を心掛けましょう。たくさん書けばその分やる気が伝わる、というものではありません。読みやすい文字の大きさに留意しつつ、決められた範囲で要領よくまとめる能力も問われていることを忘れてはいけません。「400字以内」などと字数制限のある場合には、制限字数の8割～9割以上でまとめる

のが理想的です。

具体的裏付けや客観的事実を盛り込む

　具体的なエピソードや、客観的に評価できる数字を用いましょう。抽象的な内容では相手に伝わりにくいですし、何よりも、具体的な内容の方が面白さやインパクトもあり記憶に残ります。より効果的なアピールが可能となるわけです。

3. よくある設問と回答のポイント

自己PR

　前章でもみましたが、人事担当者の多くがまず初めに注目するのが自己PR欄です。ここを読むことで、その学生のものの考え方や性格がよく理解できるからです。効果的な自己PRを書くためには、何よりもまず、自己分析を徹底的に行うことです（第5章参照）。

・書き出しの一文で端的に結論を述べましょう。自己分析の結果わかった、自分の能力、長所、特性をアピールします。

・それを裏付ける具体的なエピソードを加えて補足説明をしましょう。たとえば、「私には行動力があります」とアピールしたところで、それを裏付けるエピソードがなければ、説得力がありません。「○○○に挑戦して、最後までやり遂げました。」「○○○のような厳しい状況でも負けずに△△△を達成しました。」というように、自分が実際に経験したことを書きます。

・さらに効果的な自己PRとするために、それらの事実から得た経験や知識を仕事でどのように活かしていくか、ということで締めくくるとよいでしょう。

学生時代に打ち込んだこと

「学生時代に打ち込んだこと」も、よく問われる質問です。しっかりとした目標を持って努力してきた学生は、きっと入社後も会社のために自分を高めて努力してくれると考えられるからです。「自己PR」や「志望動機」とリンクするものであれば、なお効果的となります。

・学生時代に経験したことや学んだことなどをノートに書き出して、その中からテーマを見つけるのもよいでしょう。いずれにしても、しっかりした自己分析をもとに具体的なストーリーで裏付けできるものを選びましょう。

・事実の羅列ではなく、「そこから何を得たか、学んだか」まで言及しましょう。採用担当者は、あなたが何を体験したのか、ということよりも、「それらの体験から何を学び、どのように成長したのか」という点を知りたいと思っています。

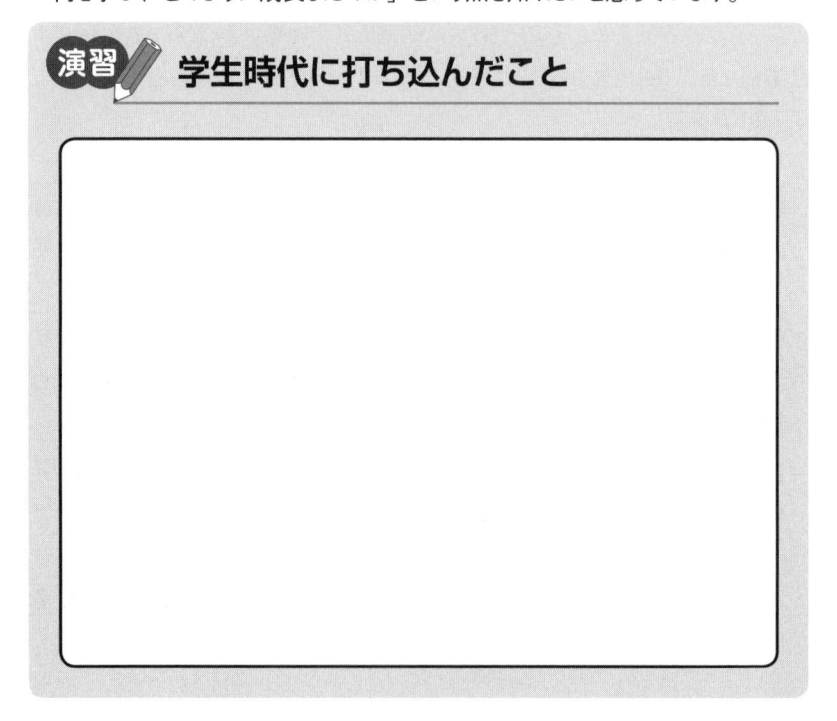

演習　学生時代に打ち込んだこと

志望動機

　第5章の履歴書の書き方のところでもみましたが、志望動機は、どの企業でも必ず聞かれる質問の一つです。ここから、その企業で働きたいという学生の本気度がどの程度なのかを、採用担当者は読み取ろうとしています。自己PRはあなたの過去の出来事に基づいて書くのに対し、志望動機は未来のあなたについて書くことにもなります。そこにもしっかりとした自己分析が必要となることは言うまでもありません。

・まずは企業研究を綿密にしましょう。ホームページなどで基本情報を確認することはもちろん、会社説明会やOB・OG訪問など自分の足で情報を得ることで、より深く理解でき志望動機も明確になることでしょう。

・なぜその会社なのか？　を明確にしましょう。同じ業界の他の企業ではなくその会社を志望する理由として納得のいく説明が必要です。その会社に入りたいと思った決め手は何なのか、企業研究を通して得た理由を元に説明しましょう。

Chapter 7 面接対策

1. 面接とは ●●●

　企業にとっての面接は、あなたのことを知り、一緒に働きたいと思えるか、会社の担い手としてふさわしいか、などを判断するために行われます。一方、学生にとっては、志望する企業のことをより深く知り、自分が働きたいと思える会社かどうかを確認する場でもあります。

　面接で大切なのは、「あなたが何を話したか」よりも、「面接官がどのようにあなたの話を受け止めたか」です。自分のことを一方的にアピールするのではなく、面接官があなたの話を聞いてどのように感じているかを意識しながら話す必要があります。そのためには、常に相手の表情や話し方、質問内容などから状況を的確に判断して対応しなければなりません。つまり、面接は双方向のコミュニケーションなのです。

　面接というと誰しも緊張するものです。しかしながら、しっかりと準備をしさえすれば何も恐れることはありません。自分に合った会社選びをするためにも、等身大のあなたをアピールできるよう心と身体の準備をしっかりと整え、面接に臨みましょう。

2. 面接の流れ ●●●

　内定が出るまでに、面接は数回行われるのが一般的です。1次面接は人事の担当者か若手社員、2次面接は管理職、3次面接は役員というように、面接が進むにつれて面接官の役職が上がり、それぞれ重視されるポイントが異なります。また、面接官の数は1名～複数の場合があります。

・1次面接
　「一緒に働きたい人」と思わせられるか。あいさつや言葉使い、気持ちの良い応対ができるかなど、基本的なマナーや人間性が特に重視されます。

・2次面接
　「仕事で活躍できる資質があるか」「会社の求めている人物像に合うか」などを、自己PRや志望動機などから判断されます。自己分析をしっかり行い適切に表現できるよう準備しておきましょう。

・3次面接
　「将来性」がポイントです。1次、2次面接の結果と合わせ、あなたの本気度を総合的に判断されます。自己PRや志望動機などもさらに深掘りして質問されます。入社後の目標なども明確にしておきましょう。

3.面接の種類 ●●●

　主だったものを挙げると面接には大きく分けて、個人面接、集団面接、グループディスカッションの3つがあります。企業によって面接のスタイルや回数は異なります。一般的には過去のやり方を踏襲する場合が多いので、OB・OG訪問をする際や、その企業の面接を受けたことのある先輩などに事前に確認してみるとよいでしょう。

・個人面接
　学生1人に対して、1人から数人の面接官で行われます。自己PR、志望動機などの典型的な質問をされます。マニュアル通りではない、自分らしい回答ができるよう準備をしましょう。

・集団面接

　学生数人に対して、1人から数人の面接官で行われます。学生全員に同じ質問をすることもあれば、それぞれに異なる質問をすることもあります。学生の数は2人から10人以上という場合もありますが、5人前後というのが一般的です。他の学生の発言について聞かれることもあるので他の学生の発言もよく聞かなければなりませんが、それらに惑わされずに自分の意見は堂々と述べましょう。また、一人当たりの時間が少ないので時間配分を考える配慮も必要です。

・グループディスカッション

　学生5、6人で、与えられたテーマについて議論します。一般的に時間は30分から1時間で、議論の進め方は基本的には学生に任せられます。通常は司会、書記、タイムキーパーなどの役割を決めてからディスカッションを始めます。必ずしも司会を務めることがポイントにつながるというわけではありません。議論の進め方や結論の出し方、チームワークのとり方など、ディスカッション全体を通しての学生のコミュニケーション能力を測るのが主な目的です。

	気をつけるポイント
個人面接	・自己理解を深める 　（深いレベルの質問にも対応できるようにする） ・自分らしさを伝える 　（事実だけでなく、考えや感情を話して人柄を伝える）
集団面接	・ほかの学生の話をよく聞く 　（ほかの人の発言について聞かれることもある） ・ほかの学生を気にしない 　（自分の意見を堂々と述べる） ・質問には簡潔に答える 　（ほかの人の話す時間など時間配分も考える）
グループディスカッション	・議論の仕方、進め方が重要 　（適切に関わる、役割をしっかり果たす） ・結論を出す 　（限られた時間の中で結果を出す） ・チームワークを意識する 　（より良い議論のための雰囲気作りをする）

4. 自己分析をする ●●●

　面接でうまく答えるためには、事前の準備が必要です。以下に挙げたような、面接で聞かれそうなことについてあらかじめ原稿を用意しておくとよいでしょう。そのためには、自分自身について再度整理し、あなたらしさを表現できる具体的なエピソードも探す必要があります。もちろん、原稿を見ながら話すわけにはいきませんが、書いてまとめることで頭の中も整理され、心の準備が整うでしょう。

＜質問例＞
　「自己PRをしてください。」
　「学生時代に一番力を入れたことは何ですか？」
　「学生時代に一番感動したことは何ですか？」
　「友達は、あなたをどういう人間だと言いますか？」
　「これだけは人に負けないというものは何ですか？」
　「趣味は何ですか？」
　「あなたの長所と短所を教えてください。」
　　　　※「履歴書の書き方」「エントリーシートの書き方」の該当ページも参照のこと

5. 企業の情報収集をする ●●●

　面接では、受験企業について聞かれることもあります。自分のことならばその場で考えて対応することもできますが、企業については知らないと答えることができません。自分が入社したいという興味をもっている企業なのですから、あらかじめ情報収集をして面接に臨むことは当然です。

企業の基本情報

　少なくともホームページの会社概要に載っている情報はしっかりと把握しておきましょう。

受験企業に勤めているOB、OGから得た情報

積極的に足を使って得た、あなたしか知らない情報を持っていることは、あなたの熱意のアピールにもつながり有効です。

選考情報

面接のスタイルや回数などについて、その企業から内定をもらった先輩や、受けたことのある先輩などから聞いておきましょう。大きな採用方針の転換がない限り変わらないので、事前に把握しておくと面接に臨む際の心構えができます。

6.当日のシミュレーションをする

面接当日になって慌てず、心身ともに万全の状態で臨むためにも、事前の準備が肝心です。

当日の持ち物

必要な提出書類や筆記用具、会場までの地図、身だしなみを整えるもの、その他受験企業から指定されているものなど。また、待機時間に復習するためにも提出したエントリーシートのコピーも持参しましょう。

間に合うかな……

面接会場に慌てて駆け込むということがないように、常に余裕を持った行動を心掛けましょう。
心のゆとりは態度に表れます。
持ち物や身だしなみも要チェックです。

会場までの行き方

インターネットや地図で交通経路や所要時間などを調べ、不測の事態に備え30分前には会場に着くよう心がけましょう。余裕があれば、下見をしておくと安

心です。

身だしなみ

スーツやシャツはしわだらけではないか、靴は磨かれているか、爪が伸びていないか、頭髪やメイクは清潔感があるか、など、見た目でマイナスとならないよう整えておきましょう。

7.面接のテクニック　～心構え編～

第一印象

　人の第一印象は、10秒以内で決まるという説が一般的です。また、メラビアンによると人の印象を決定する要素は視覚情報（表情、ジェスチャー、服装など）が55％、聴覚情報（声の大きさ、トーン、しゃべり方など）が38％、言葉や話そのものはわずか7％とされています。見た目や発声などの「非言語」がいかに重要かということがわかります。入室して自己紹介をするところまでが約10秒。この10秒で面接官に良い第一印象をもってもらえるか否かが、面接結果を左右するといっても過言ではありません。

姿勢、うなずき、身体を向ける

　入退室時の歩く姿勢や、着席時の姿勢に気をつけましょう。猫背になっていたり足をひきずって歩いたりする姿や、背もたれにふんぞり返って座る姿からは、前向きなやる気やはつらつとした学生らしさは伝わってきません。肩の力を抜き、背筋を伸ばしましょう。椅子の背もたれには寄りかからず、椅子の3分の2くらいの位置に座りましょう。また、複数の面接官がいる場合には、話している面接官の方に自然に身体を向けるようにし、質問を受けている間は軽くうなずきながら聞くことで相手に安心感を与えることができるでしょう。

コミュニケーションの3つの要素

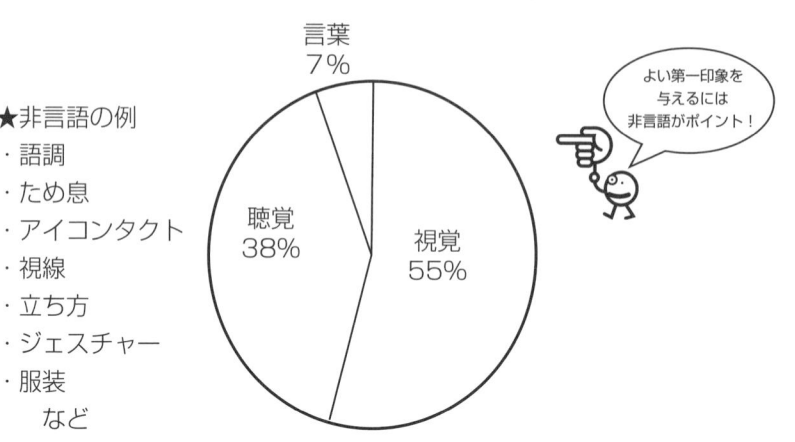

言葉 7%
聴覚 38%
視覚 55%

★非言語の例
・語調
・ため息
・アイコンタクト
・視線
・立ち方
・ジェスチャー
・服装
　　など

よい第一印象を与えるには非言語がポイント！

8.面接のテクニック　〜応対編〜 ●●●

「はい。」を入れる、バックトラック（オウム返し）をしながら考える

　質問を受けたときに、すぐさま回答を始めるのではなく、一旦「はい。」と答えてから回答することで、ワンクッションが入り会話にリズムができます。呼吸を整えてから話し始めることができるというメリットもあります。

　また、バックトラックとは、面接官の出した質問をオウム返しにすることです。そうすることで質問内容の確認になると同時に、そうしながら回答を考える時間稼ぎにもなります。質問の度にバックトラックを行うことは避けるべきですが、難しい質問が出たときには有効だといえます。

常に「仕事」を意識しながら話す

　面接官は、「あなたが入社後に活躍してくれそうか」を判断しようとしています。あなたが過去に収めた輝かしいエピソードをただ披露しても意味がありません。肝心なのは、それらの経験を、仕事にどのように活かすことができるかを伝えることです。し

たがって面接官の質問には、常に「仕事」にどのようにつながるか、を意識しながら考え、回答することが重要です。

結論から述べる

面接官の質問には結論→理由の順序で答えましょう。その上で、その結論を裏付ける理由を具体的に、端的に述べます。「理由は3つあります。一つは、……」のように箇条書きの形態で話したり、「30人中1番」「10年間連続」などの客観的データや数値を用いて具体的な理由を話したりすることで、面接官が興味をもって聞いてくれるよう工夫しましょう。

言葉使いと自分らしさ

社会人になればさまざまな年齢や立場の方と接する機会が増えます。日頃から意識して、面接でも最低限の敬語は自然に使えるように慣れておきましょう。学生言葉のままだと社会人になる準備ができていないとみなされます。また、「自分の言葉」で話すことも大事です。人から聞いた話やマニュアルで読んだ内容をそのまま話したのでは、あなたの思いは伝わりません。面接官は、「あなたの本音」「あなたらしさ」を見たいと思っているのです。

★「はい。」を使った例

面接官「学生時代に一番力を入れたことは何ですか？」
学　生「はい。英会話の習得です。英会話スクールにも週２回通いました。」
面接官「英会話を学ぼうと思ったきっかけは何ですか？」
学　生「はい。幼いころからの夢だった留学を叶えたかったからです。」

「はい。」を入れずに読んでみると、唐突な感じがする。
「はい。」が入ることでリズムができ、会話がスムーズに。

★バックトラック（オウム返し）を使った例

面接官「もしも、入社早々ドバイへ赴任の辞令が出たらどうしますか？」
学　生「もしも、入社早々ドバイへ赴任の辞令が出たらどうするか、というご質問ですね？　はい。もちろん喜んで参ります。」

予想外の質問や、答えづらい質問が出たときには、このようにバックトラックを使うと、その間に考えをまとめたり、心を落ち着けたりできる。

Chapter 8 ストレスマネジメント

1. ストレスについて知る

ストレスって、なんだろう

あなたはどんな時にストレスを感じますか?

家族や友達とうまくコミュニケーションがとれなかったり、物事が思い通りに進まなかったり。就職活動をしていると、毎日の活動全部がストレスだという人もいるかもしれません。現代は「ストレス社会」とも言われているので、ストレスについて語ることも多くあると思います。ストレスと上手に付き合っていくために、まずはストレスについて理解を深めていきましょう。

ストレスとは、「平常な状態から何かしらの刺激（物理的・心理的）によってひずんだ状態」のことを言います。

平常とは、感情的にも身体的にも、興奮状態にない、いわゆる"普通"の状態です。たんたんと大学で講義を受けていたり、ぼーっと電車に乗っていたり、特に意識をせずにテレビを見ていたり、というような時のことです。

この時に、何かしらの刺激をうけることで、ココロとカラダに変化が起こります。たとえば、急に大きな物音がして、びっくりして不安になり冷や汗をかいたり、ちょっと気になっている人からのメールが来て、うれしくて心臓がドキドキしたりというようなことです。これが、ストレス状態になったということです。

実は、「不安」も「うれしい」も、どちらもストレス状態です。

【ストレス】というと悪いことだと思いがちですが、平常な状態から変化することは、すべてストレスです。つまり、生きている限り、ストレスから完全に解放されるという

ことはあり得ないのです。大切なのは、ストレスを排除しようとするのではなく、ストレスと上手に付き合っていこうという心構えです。

また、いわゆる【ストレス】は、自分に気づく良いチャンスです。嫌だなと思うこと（怒りや悲しみや不安など）は、自分がどんなことを望んでいるのかということが明確になります。望みを明確にし、それに近づく方法を考えて行動していくことが、ストレスに能動的に対処することになります。

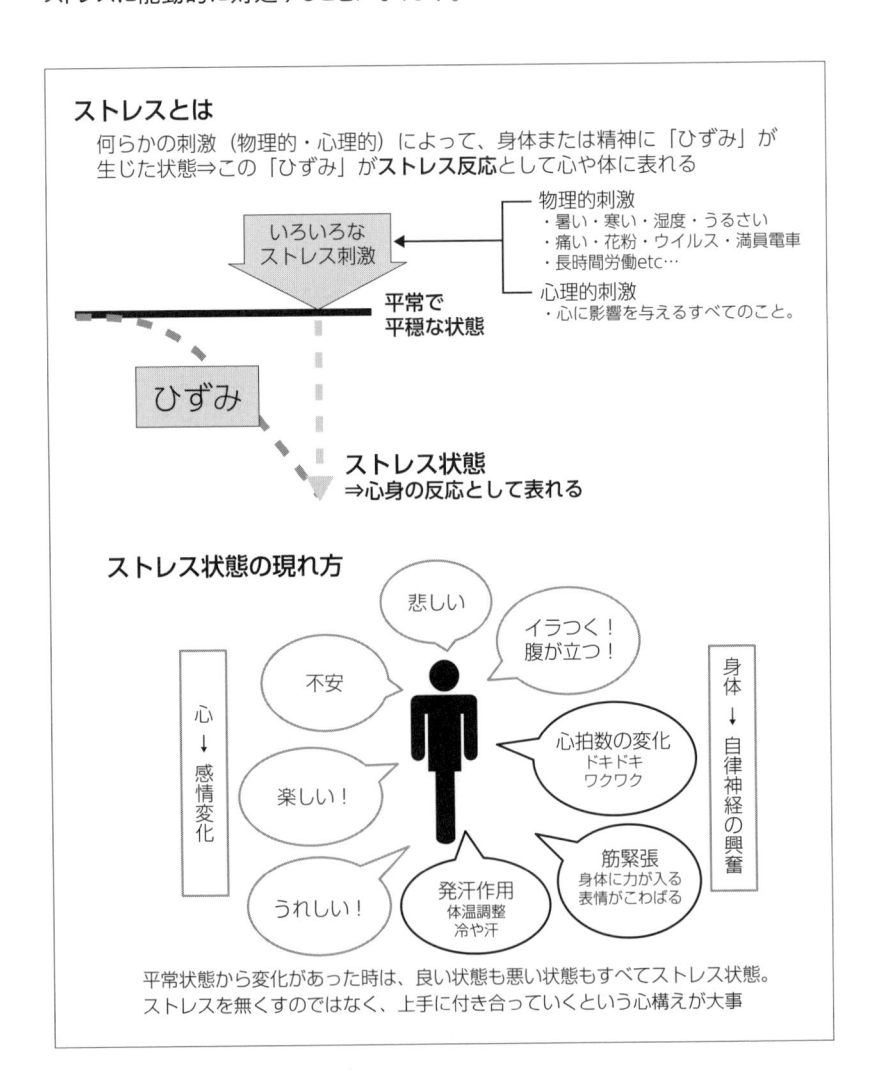

ストレスとは

何らかの刺激（物理的・心理的）によって、身体または精神に「ひずみ」が生じた状態⇒この「ひずみ」が**ストレス反応**として心や体に表れる

- 物理的刺激
  ・暑い・寒い・湿度・うるさい
  ・痛い・花粉・ウイルス・満員電車
  ・長時間労働etc…
- 心理的刺激
  ・心に影響を与えるすべてのこと。

いろいろなストレス刺激

平常で平穏な状態

ひずみ

ストレス状態
⇒心身の反応として表れる

ストレス状態の現れ方

心 ↓ 感情変化

- 悲しい
- イラつく！腹が立つ！
- 不安
- 楽しい！
- うれしい！

身体 ↓ 自律神経の興奮

- 心拍数の変化　ドキドキ　ワクワク
- 筋緊張　身体に力が入る　表情がこわばる
- 発汗作用　体温調整　冷や汗

平常状態から変化があった時は、良い状態も悪い状態もすべてストレス状態。ストレスを無くすのではなく、上手に付き合っていくという心構えが大事

2.ストレスの種類 ●●●

良いストレスと悪いストレス

　ストレスと上手に付き合っていくことの第一歩として、自分にとって「良いストレス」と「悪いストレス」を見分けることが大切です。
　「良いストレス」とは、より幸せに生きていくために有効なものです。たとえば、試合に向けて一生懸命練習をしたり、夢をかなえるために資格試験の勉強をしたり、バイト先でお客様にありがとうと言われるなど、成長につながったり、行動をおこしたり、勇気づけられたり、やる気の素になるようなことです。
　「悪いストレス」とは、もうこれ以上頑張れない、このままこの状態が続くと病気になってしまう、というように健康を損ねたり、やる気をなくしたり、行動をすることを妨げるようなことです。
　ストレスに感じることは、人それぞれ違います。ここでのポイントは、「自分にとって」どうなのか、という点です。

ライフイベントとデイリーハッスル

　心理的に影響をおよぼすストレスの素には、2種類あります。
　ひとつめは、「ライフイベント」です。人生の節目や大きな転機となる出来事、環境や役割の変化です。例を挙げると、親しい人の死・引越・結婚・離婚・就職・転職・昇進・昇格などです。喜ばしいことも悲しいことも、大きな節目となるものはストレスの素になります。
　ふたつめは、「デイリーハッスル」です。ひとつひとつは本当に些細なちょっとしたことです。電車が遅れる・メールの返事が来ない・バイト先に嫌な人がいる、などです。ひとつひとつは気にも留めないような小さなひずみですが、積み重ねて大きなストレスへと育ててしまう可能性があります。

　自分自身を知ることは、ストレス対処の第一歩です。どんなことを「良いストレス」

「悪いストレス」としているのかを整理しましょう。そして、良いストレスにつながることは日常の中で意識的に増やしていき、悪いストレスにつながることはどんな対処が自分でできるのかを、あらかじめ準備しておくことが、ストレスに負けない自分につながります。

演習 良いストレスと悪いストレスの仕分け

自分にとっての良いストレスと悪いストレスを書き出してみましょう。また、悪いストレスに関しては、どのような対策が考えられるか書き出してみましょう。

私にとっての良いストレス（行動の促進につながりやる気の元になること）	
ライフイベント	デイリーハッスル

	私にとっての悪いストレス 行動の阻害につながる。 やる気をなくす。体調に影響を与える	悪いストレスの対策は？
ライフイベント		
デイリーハッスル		

ストレス発生のメカニズム

　怒りで頭に血が上るように感じたり、不安で心臓がドキドキしたり、恥ずかしくて冷や汗が出たりなど、日々ストレスを感じることが多くあります。できればストレスなんて感じたくない、あの人が（もしくはこんな出来事が）自分をストレスにしているんだ、と思う事があるでしょう。

　まず、知っておいてほしいことがあります。
「ストレスになるのは、自分がストレスになりたいと決めたから、」という事です。

　右ページの図を見てください。ストレスが発生するには、必ずこのような流れを経ます。刺激（出来事）そのものが私たちをストレスにさせているのではありません。刺激はストレスになる"きっかけ"でしかありません。そして、出来事をストレスのきっかけになる刺激だと自分で決めなければ、ストレス反応は出てきません。刺激だと気づかなければストレスにはならないのです。たとえば、物理的刺激として、花粉があります。花粉症の人は、花粉を刺激だと認知をする機能があるため、反応（くしゃみやかゆみなどの身体反応）がでます。一方花粉症でない人は、花粉を刺激だと認知できないため、反応が出ないのです。

　心理的刺激も同様です。その出来事をどのように捉えるのか（認知）によって、ストレス化するかどうか（ストレス反応）を決めています。
　どのような出来事であろうと、出来事そのものには意味はありません。どんなに嫌な人でも、どんなに大変な出来事だとしても、それらの影響で自分がつらいのではありません。嫌だ、大変だ、つらい、と自分で勝手に意味づけをしているのです。

　たとえば、就職活動において、面接は避けては通れない出来事です。ましてや初めての面接となれば、誰でも緊張をし、ストレスを感じるのは当たり前です。しかし、人によっては、適度な緊張感を保ち、失敗をしたとしても、そこからの学びを次につなげることで、良いストレスとすることができます。一方、過度に緊張をしてしまい、失敗を引きずり落ち込んでしまうという悪いストレスにしてしまうこともあります。

ストレスの発生のメカニズム

刺激（環境・出来事）を本人（主体）がどのように
認知（捉える）するかで、ストレスは決定する

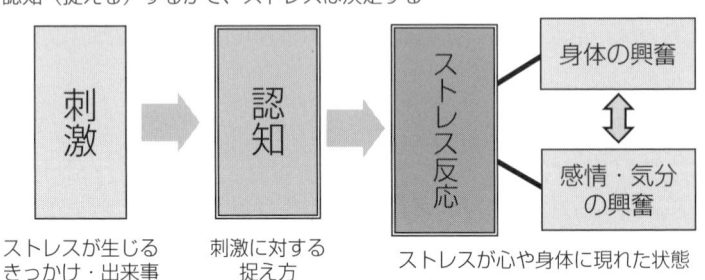

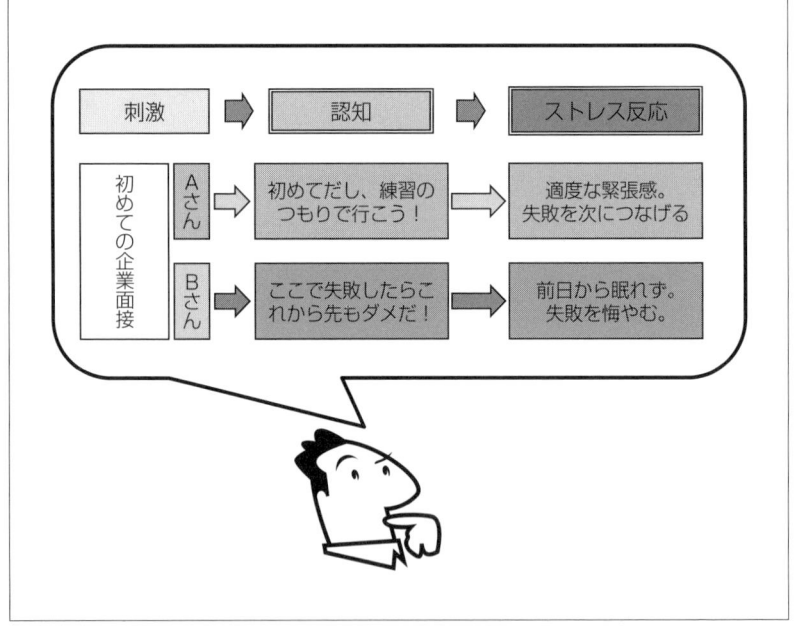

```
[刺激] → [認知] → [ストレス反応] → 身体の興奮
                                    ⇅
                                    感情・気分の興奮
```

ストレスが生じる　　刺激に対する　　ストレスが心や身体に現れた状態
きっかけ・出来事　　捉え方

刺激		認知	ストレス反応
初めての企業面接	Aさん	初めてだし、練習のつもりで行こう！	適度な緊張感。失敗を次につなげる
	Bさん	ここで失敗したらこれから先もダメだ！	前日から眠れず。失敗を悔やむ。

3.ストレスの個人差と思考のクセ ●●●

　このように、ストレスの感じ方には個人差があります。これは、認知の仕方に人それぞれのパターンやくせがあるからです。

個人差が出る理由

　出来事（刺激）をどのように捉えるのか（認知）によってストレスは発生します。
　出来事をストレスだと認知するには、次の4つの見方があります。
(1)自分にとって損なこと（利益を失ったり、努力が報われないなど）
(2)自分にとって害なこと（悪い結果や影響を及ぼすなど）
(3)自分にとって脅威なこと（無理やりやらされたり、脅かされて感じる恐ろしさ）
(4)自分には対処不可能なこと

　(1)～(3)は、いわゆる「嫌だな」と感じることです。そして、嫌だなと思っても、「何とかなるかも・できるかもしれない」と思うことができれば、ストレス度は低くなります。いわゆるマイナス思考の人とは、自分の身に起こることを、"嫌な事だと思い、自分にはどうすることもできないと捉えることが多い"人をいいます。嫌だなと思うことを減らすこと、そして何とかなると思えることを増やすことが、ストレスに負けない自分を作ることにつながります。

思考のクセ

　出来事そのものに意味はありません。すべては自分の思い込みによってストレスの素だと自分で決めているのです。その思い込みのパターンを「思考のクセ」と呼びます。代表的な思考のクセを、次ページに挙げます。私たちは、このような思考のクセを通して出来事を捉えることで、本当ならばストレスの素にならないものまでもストレスだと決めつけ、自分で自分を行き詰まりの状態にさせます。まずこのことに気づくことが大切です。その気づきをもとに、現実的で合理性をもった考えに変えてみることが、ストレス軽減や感情コントロールにつながります。

代表的な思考のクセ

白黒思考
極端な完璧主義。曖昧さを認められず、欠けているところに目が行く。

べき思考
自分で考えた基準が当然だと思い、こだわりすぎる

読心
断片的な情報だけで相手の心を読んだつもりになって、本当かどうか確かめない

自己関連付け
物事の原因や責任はすべて自分にあると考える

極端な一般化
一度や二度の失敗や悪い出来事を「常に」「当然」のことだと思い込む

過大解釈・過小評価
自分の失敗や悪いことは必要以上に大きく考え、良いことや成功は小さく考える。他者に対しては逆。

どうせ思考
良い部分を意識できず、悪いことばかりを思い出させ、良いことも悪いことに置き換える。

マイナスの予言
誰にもわかるはずのない将来のことを勝手に決めつけてしまう。

演習 自分の思考のクセに気づこう

1. 思考のクセに気づく方法として、次にあげることを書き出してみましょう。
◇つい最近感じたストレスになった出来事→その時の気持ち（怒り・悲しみ・不安・恐れ…）→何故そう感じたのか？　3回問いかける。

2. そこには、どんな思考のクセがありますか？　思い込みによって自分でストレス化をしていないか、検証をしてみましょう。

4. 自己効力感をもち続けるために ●●●

「自己効力感」とは、自分に対する信頼感や有能感のことをいいます。

何かをしようとするとき、自分はどのくらい上手にできそうか？　と考え、「できる」と思える度合いによって、そのあとの行動は変わってきます。やりたいことがあったとしても、「どうせ無理」と思えば、挑戦することすらできません。そして、「どうせ無理」と考えることは、思考のクセに囚われた自分の思い込みでしかありません。

キャリアを考えるうえでも、ストレスと上手に付き合っていくためにも、自己効力感を保ち続けることは大切な事です。

まず、自分でコントロールできることとできないことを見分け、コントロールできることに集中するという意識をもちましょう。

「あの時違う行動をしておけば、失敗はなかったかもしれないのに…」「景気が悪いせいで就職活動がうまくいかないんだ」などの考えに囚われ、自分で勝手にストレス度合いを高めていったからといって、時間が戻るわけでも景気がよくなるわけでもありません。そう思った自分を認めながらも、今自分にできることに集中し、行動を重ねていくことで「できたこと」「できそうなこと」を増やしていくのです。そして、どんな小さなことでも、できた自分にOKを出すクセをつけてください。

反応は、自分で選べる！　変えられる！

思考のクセを通して物事を見ることや、ストレスを感じることが悪いのではありません。それに囚われて自己効力感が落ちることが問題です。そして、ストレスは生きている間は感じるものです。へこんでも怒ってもいいのです。そこから柔軟に回復できるようにすることが大事です。

嫌だなと思うことを完全になくすことはできません。そして、怒ることも悲しむことも、不安に感じることも、時には必要です。しかし、その反応が自分にとって不適切で

あれば、自分で別の反応を選択しなおせばいいだけのことなのです。
　自分で決めて、怒る・悲しむ。そして、自分で決めてストレスであることをやめる。感情や行動は自分で選べるということを、実践しながら身につけていきましょう。

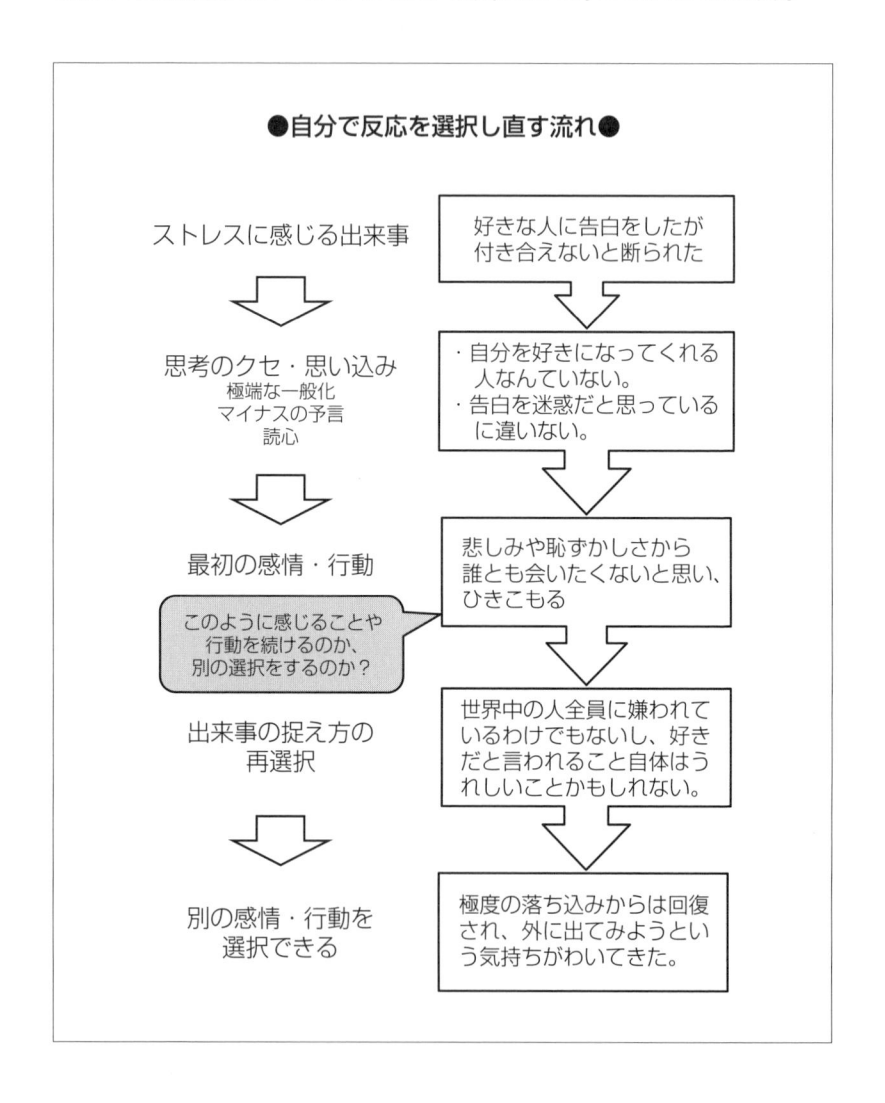

●自分で反応を選択し直す流れ●

ストレスに感じる出来事
↓
好きな人に告白をしたが付き合えないと断られた
↓
思考のクセ・思い込み
極端な一般化
マイナスの予言
読心
↓
・自分を好きになってくれる人なんていない。
・告白を迷惑だと思っているに違いない。
↓
最初の感情・行動
↓
悲しみや恥ずかしさから誰とも会いたくないと思い、ひきこもる

このように感じることや行動を続けるのか、別の選択をするのか？

出来事の捉え方の再選択
↓
世界中の人全員に嫌われているわけでもないし、好きだと言われること自体はうれしいことかもしれない。
↓
別の感情・行動を選択できる
↓
極度の落ち込みからは回復され、外に出てみようという気持ちがわいてきた。

5. コーピング ●●●

「コーピング」とは、英語の COPE ＝「難局に対処する」「負けずに戦う」を語源とする、感情コントロールと能動的な行動でストレスに対処していく技術です。出てきた感情をなかったことにしたり、我慢するのではなく、適切に調整をし、自分にとってのよい状態を選択し、そのための行動ができるようになるスキルです。

感情コントロールに有効な「セルフトーク変換」

セルフトークとは「心の中で言うひとり言」のことです。私たちは1日に6万回以上のセルフトークをすることで、さまざまな感情を選択しています。感情が発生する直前には、必ずその感情になるためのセルフトークをつぶやいています。セルフトークには、人それぞれの考え方の特徴が反映されていきます。セルフトークに気づき、意識的に変換をすることは、感情コントロールや認知の仕方、思考のクセの修正に有効です。

たとえば、電車の中で大きな声で携帯電話を使っている人がいたとき。

・"電車の中では携帯電話を使うべきではない"という認知をし

　　　↓

・「まったく！　マナーを守れないなんて最悪だ」というセルフトークが頭の中にうかぶ

　　　↓

・怒りの感情が湧いてくる

という流れになります。セルフトークがなければ、怒りの感情は湧いてきません。ここで、自分のセルフトークに気づければ、「最悪とまで言わなくてもいいか。ま、いろんな人がいるし、イライラしてもしょうがない」とセルフトークを変えることで、怒り指数10だったものが、6ぐらいまで収まります。

感情は放っておいても収まります。しかし、意識をして能動的に収めていくことでストレス状態を短くすることができ、自分の意志で感情をコントロールできるようになります。

まずは、自分のセルフトークに気づくことから始めましょう。下の演習の表に沿って自分のセルフトークを書き出します（左欄）。そして、自分にとってマイナスの影響を及ぼすもの・プラスの影響を及ぼすもの・無害なものに仕分けをします（右欄）。マイナスの状態を引き起こすものは、まずは平常の状態にもどすセルフトークに変えていきましょう。

演習 セルフトークの仕分け

あらかじめ用意をしておくことで、日常の中でマイナスのセルフトークが出た時、すぐに変換ができるようになります。

一日を振り返り、自分がどのようなセルフトークを言っているのかを書き出しましょう。そして、自分にとってマイナスの影響を及ぼすもの・プラスの影響を及ぼすもの・何の影響も及ぼさないものに分けてみましょう。

	朝	昼	夜

プラスのセルフトーク
例）うれしいな。楽しいな。ありがとう

無害（影響を及ぼさない）
例）あ、電車が来た。次の授業なんだっけ…

マイナスのセルフトーク
例）ムカつく！どうせ…だって…

呼吸のリズムを整える

　心と身体は密接につながり、相互に影響を与えています。ここで、身体コーピングのポイントになる自律神経について触れてみたいと思います。

　自律神経とは、内臓機能の維持や発汗作用、基礎代謝など、自分の意志では自由に動かすことのできない身体部分を管理しています。「ちょっと心臓を止めてみよう」とか「汗をピタッと止めてやろう」というようなことは、普通の人にはできないことだと思います。

　自律神経は、副交感神経と交感神経から成り立っています。副交感神経は、身体を休ませ、リラックスするときに活性化されます。一方、交感神経は「闘争と逃走の神経」と呼ばれています。非常事態に戦ったり逃げたりするために、身体の状態をいつでも動かせるようにスタンバイさせる機能があります。

　ストレス状態とは、自律神経が「危険が迫っている!」と認識する緊急事態です。感情の興奮とともに筋緊張が起こり、呼吸が荒く、心臓がドキドキしてきます。その身体の変化を感じ取り、新たな刺激と受け止めて、さらに感情の興奮が増していくことがあります。

　感情反応を鎮めるために、セルフトークは有効です。しかし、興奮状態の時には

コーピングの流れ

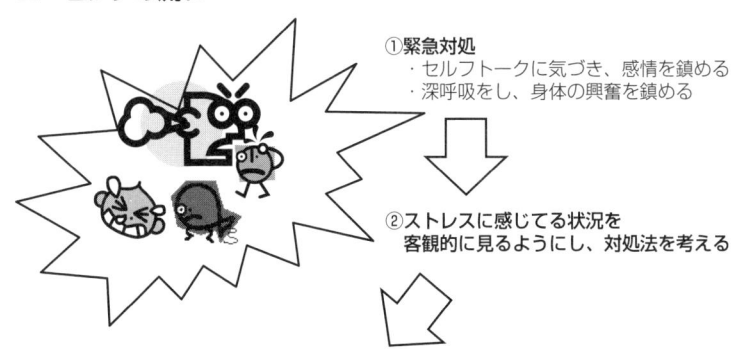

①緊急対処
・セルフトークに気づき、感情を鎮める
・深呼吸をし、身体の興奮を鎮める

⇩

②ストレスに感じてる状況を客観的に見るようにし、対処法を考える

⇩

③原因に対して、具体的に対処していく
・ストレスの素になる刺激を除去・軽減させるための行動をとる
・思い込みに囚われていないかと、自分の思考のクセ・認知の仕方に気づき、適切に変える
・社会的支援を受ける

「わかっているけどどうしようもない!」というようなことが多くあります。その時には、まず、身体反応を鎮める方が有効です。自律神経の興奮を鎮めるのです。自律神経は自分の意志では動かせませんが、唯一調整ができるのが【呼吸】です。

ストレス状態に陥っているときは、必ず呼吸が止まっているか、浅く早いリズムになっています。まずその状態に気づき、大きく口から息を吐き切り、ゆっくり鼻から息をし、その後ゆっくりと呼気6秒・吸気3秒を数えながら呼吸を繰り返し、整えていきます。

無意識でしていることを、意識して意図して行動することで、自己効力感も高まります。どうしようもない怒りを感じたり、極度の緊張を感じた時など、ストレス状態の時は、意識して呼吸を整えましょう。

社会的支援コーピング

ストレス状態に陥っているときは、冷静な判断がしづらく、すべてを自分一人で抱え込んでしまうケースがあります。また、助けを求めることを弱さだと思い、限界以上に自分を追い込んでしまうこともあります。

適切に支援を依頼できるということは、重要なコーピングスキルです。ちなみに、

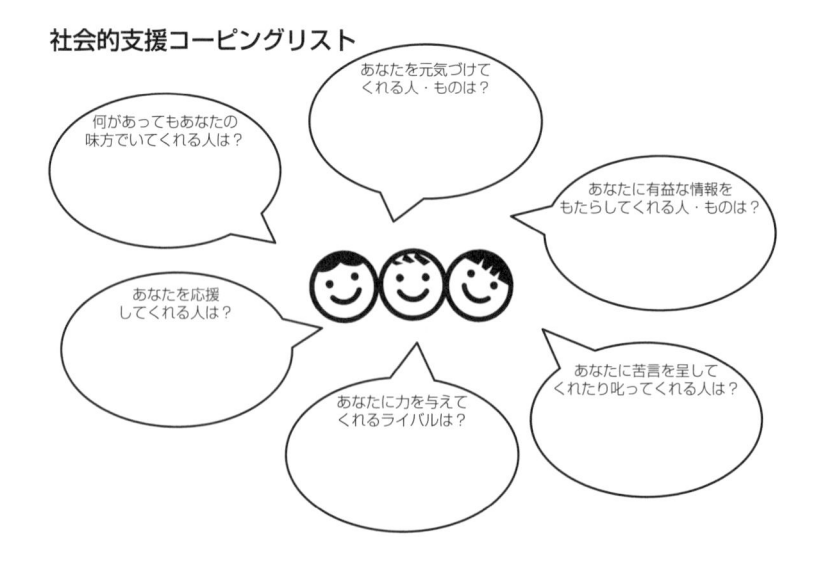

社会的支援コーピングリスト

- あなたを元気づけてくれる人・ものは?
- 何があってもあなたの味方でいてくれる人は?
- あなたに有益な情報をもたらしてくれる人・ものは?
- あなたを応援してくれる人は?
- あなたに力を与えてくれるライバルは?
- あなたに苦言を呈してくれたり叱ってくれる人は?

支援を依頼するとは「すべてをやってもらう」という受動的な意識ではなく、より良い結果や望ましい状態を得るために行動をするうえで「補足をしてもらう」ことです。自分の周りには、自分がより良く生きるために役に立つリソース（資源：人やモノや情報）は何があるのかを明確にしてみましょう。足りないようであれば増やすための行動をしておきましょう。

6.ストレスマネジメントのまとめ ●●●

ココロの強さよりも、しなやかさを身につけよう

　ストレス対処というと、【ストレスに強くなる】ことだと思いがちです。ストレスをストレスとも感じないようにしていくことです。これは、個人の資質によるところが多くあります。ちょっと鈍感な人は、刺激を認知することなく過ごしていけるようなものです。
　ストレスに悩み、何とかしたいと思う人は、その時点で"鈍感さ"という資質に欠けてしまっています。ということは、目指すことは「ストレスに強くなる」ことではなく「ストレスを感じてもすぐに回復できるしなやかさを身につける」ことです。これは、日々の習慣や練習で誰でも身につけられるものです。

「自分を知ること」

　ストレスコーピングの第一歩でもあり、重要なことです。
　どのようなことが自分にとってストレスにつながるのか。どのような出来事があると、どのような気持ちになるのか。どの程度までは我慢ができるのか。どんな時にどんな支援を依頼するのか。自分自身を知っておけば、適切な対応が可能です。そして、ひずみが小さい段階で気づき、すぐに回復ができるようになります。

ストレスをパワーに変えよう!

　生きている限りストレスは付きまといます。そして、嫌だなと思うことを完全になく

すことはできません。そこで、意図して能動的に、ストレスをストレスのままに放っておかないことにしましょう。就職活動の期間は、ライフイベントとデイリーハッスルの複合体です。ストレスコーピングの技術を身につける機会が沢山あります。

　ストレスを感じた時には「なぜ、ストレスだと思うのか」「どのような気持ちなのか」「本当はどのような状態でいたいのか」「望ましい状態は何か？」「それを得るためには何をすればいいか？」「どうすれば○○が□□できるか？」「この状態を乗り越えるリソースは？」など、自分自身に質問をしていきましょう。脳は、質問をされると答えを探し出すという働きがあります。嫌な事を分析すれば、それだけ自分の望んでいることが明確になります。ストレスにさらされるほど、なりたい自分に近づいていく。そんな選択ができるしなやかさを身につけていきましょう。

ストレスコーピングに有効な標語

よ ●予測●
自分にとっての悪いストレスはなにか。
あらかじめわかっていれば、その状況になった時に対処がしやすい。

ろ ●論理的（合理的）●
現実に即した考え方か？客観的にみるとどうか？
思い込みに囚われていない？ほかの方法はあるか？

し ●（良い）習慣●
自分を良い状態に保つための方法は？
自分自身を追い込む・ストレス化するセルフトークを使っていないか？

く ●くつろぎ●
自律神経の興奮を収める副交感神経を優位にすることが、ストレスを緩和させることにつながる。
一日一度は意識をして必ずリラックスをすること。

ね ●寝る●
良質な睡眠をとることがストレス緩和につながる。
睡眠の質が変わったらストレスがたまっているサインとみて適切に対処しよう。

Chapter 9 ヘアー&メイク

1. 成功するリクルートヘアー
～好印象、好感度をつくる～

　リクルートヘアーでは、TPOをわきまえ、服装などと同じように場にふさわしいものかどうかが重要です。

　自分らしいファッション性を少しでももたせたい、おでこを見せるのはイヤなどの気持ちはなかなかぬぐい去れないと思いますが、就職活動ではそうはいきません。おしゃれは学校で十分に楽しみましょう。それこそいろいろな自分表現が出来る場面が多いと考えて、それぞれのステージの自分を楽しむという意識の切り替えが大切です。

　しかし、男性、女性を問わずリクルートヘアーのスタイルは限られています。そのような中で企業の人事担当者にどのように好印象を与えるのかが成功の鍵になります。たとえばあわてて染めた様子の真っ黒な髪に、とりあえず結んだような後ろ髪に、ピンで留めただけの前髪……確かにリクルートヘアーといえますが、これではインパクトにかけ暗い印象が残ります。

　就職活動にふさわしく、かつ自分にあった色でツヤのある髪にするには、それなりに準備をする時間を設ける必要があるのです。

　では、具体的に好感度が高く簡単にできる方法を紹介します。

～女性編～

《ポイント1：顔周りに気をつけましょう。》

①一番大切なのは前髪

　顔周りをどのようにするのかは印象に大きく影響を与えます。前髪の長さや留め方で、明るい印象にも暗い印象にもなります。ではどのようにしたらいいのでしょうか。

★前髪を下ろす場合

　前髪を下ろす場合は、長さの設定がポイントになります。眉にかかるような長さにすることが大切ですが、目の上ぎりぎりに切った前髪は表情に余裕がなく印象が薄くなります。そこで黒目のうえにすき間をつくりましょう。そうすれば表情が明るくみえます（図1）。

図1　黒目のうえにすき間をつくる！

★前髪が長い場合

　ただピンで留めるのではなく、曲線をつくるように留め流します（図2）。

　セットしたい前髪の部分を水で湿らせてから、髪を流したい方向へドライヤーの風をあてます。毛の流れができ、乾いたあとに前髪の内側にハードワックスを少量つけ、ハードスプレーで固定します。お辞儀をしても目にかからないようにしましょう。

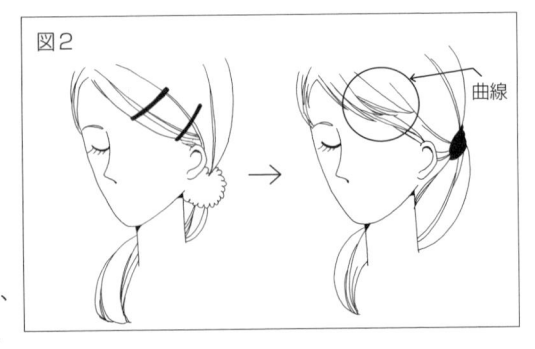

図2　曲線

《ポイント２：肩より長い髪はひとつにまとめる》

同じひとつ結びでも印象度を上げる方法は、ゴムの位置をどこにするかということです。よくあるのですが、とりあえず低い位置で結ぶことは老けて見えるのでやめましょう。後頭部から襟足（えり）までを上２、下１の位置で結ぶのがポイントです（図3）。こうすると若々しくも落ちつきがある印象になります。

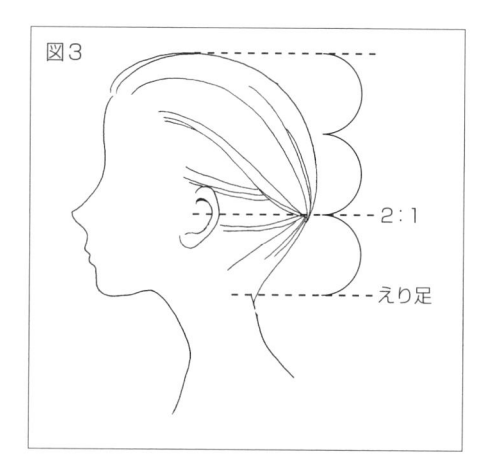

図3　2：1　えり足

結んだ時のおくれ毛を上手にしまう方法は、櫛の面にヘアースプレイをかけ、髪の表面を美しく見えるように整えます（図4）。

定番といえる黒ゴムの他、黒か紺のバレッタ使いもいいでしょう。

図4

《ポイント3：ヘアーカラー》
　明るい髪をただ黒く染めることはやめましょう。これは髪が一番汚く見えてしまいます。あわてて染めた黒い色はすぐに色あせをし、ツヤもなく不自然で、しかも汚い印象になります。これは絶対に避けましょう。
　就職活動の3か月前頃から、少しずつ色の明るさのトーンを落として、しっかり色を定着させてください。その時、トリートメントをきちんとして、髪質を良くしていくことも必ずしてください。

```
明るい  →  中程度  →  低明度
```

　就職活動が無事終わった時のヘアーカラーを楽しむことも考えておきましょう。
　卒業し、就職するまで、学生でなければできないおしゃれを十分に楽しむためのポイントをお伝えします。
　就職活動のために色のトーンダウンした後で、再びトーンアップする時のために、根元には低明度の薬剤はのせないように美容室にきちんとつたえましょう。自宅でカラーリングする時も、同じです。

> みんな一緒……、みんな同じではなく、どのように見せるのか、そのために何が重要かです。少しのコツで大きな違いを生むでしょう。

～男性編～

《ポイント1：前髪は三角形のすき間》

前髪があるスタイルでは、三角形のすき間をつくります（図5）。この時目じりの高いパートをつくると、引き締め効果で顔がしまって見えます。

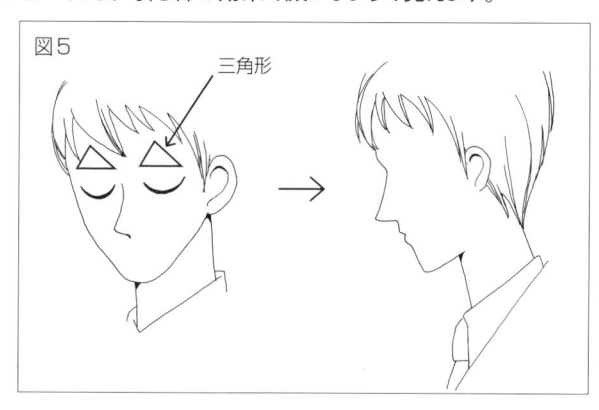

図5　三角形

《ポイント2：耳まわりで清潔感》

もっともすっきり見せたいのが耳まわりです。耳の上、数センチはツーブロックにしておくとさらに良いでしょう（図6）。耳の上に分け目を付ける場合、耳の上で前後に耳をまたぐようにします。耳まわりをきちんとして肌をみせると、清潔感がアップします。

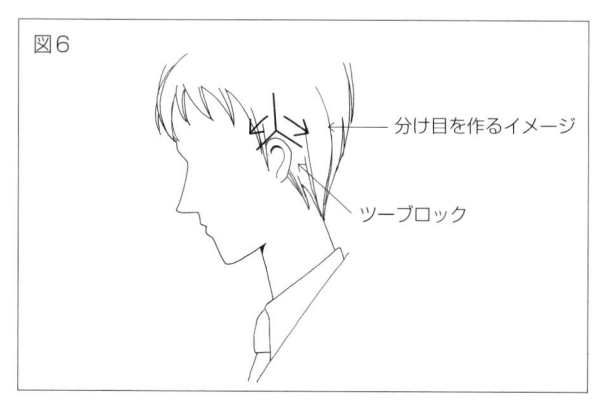

図6　分け目を作るイメージ　ツーブロック

《ポイント３：男だって眉の手入れ》
　男性ではなかなか気がつかないのが眉毛ですが、ボサボサでは清潔感に欠けます。
　普段しなれていないことです。整える程度で、気をつけて手入れをしてください。思い切ってカットして失敗したりすると、すでに日焼けしている場合は、肌の白い部分が出たりします。
　整え方（図7）は、眉用のコームをたてに使います。生え際から毛並みにそってとかします。次に眉の位置からはみ出た毛先だけをカットし、眉尻は上げすぎずに顔の輪郭にそって流してください。できれば眉用のはさみを使うとカットしやすいです。

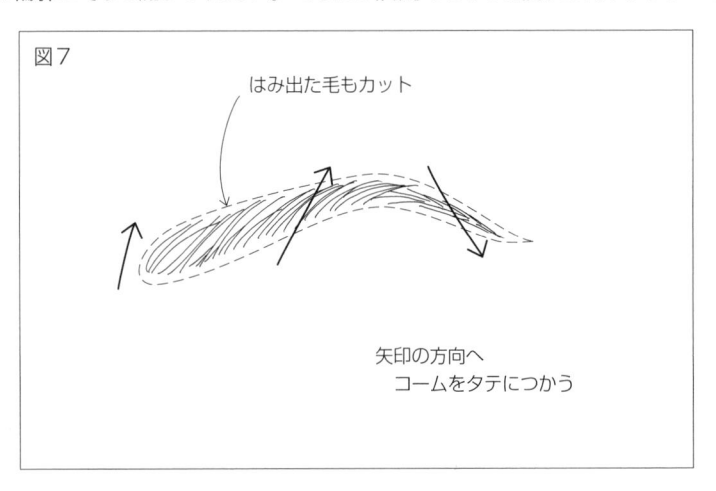

図7
はみ出た毛もカット
矢印の方向へ
コームをタテにつかう

《ポイント４：肌の手入れ》
　面接にスーツを着ていくだけでも暑苦しく、その上緊張で汗もたくさんかきます。顔の汗やテカリだけでもどうにか落として、"シャキーン"として行きたいものです。
　朝起きたらまずしっかり洗顔フォームで洗います。おでこ、小鼻を念入りに洗ってから化粧水を叩き込むようにつけましょう。メンソールなどのクール系がおすすめです。毛穴が引き締まり皮脂が出にくく、顔の筋肉もほぐれ表情が豊かになり、引き締め効果抜群です。清潔感をもつことがなにより大切です。

2. これぞリクルートメイクはやめよう
～ナチュラルメイクで！（女子学生へのアドバイス）

　メイクをきれいに成功させるには、なんといっても肌づくりです。日常生活がにじみ出てしまって、寝不足などで肌荒れ、くすみ、くまなどが出来てしまうと、どうしてもメイクが濃くなります。履歴書の写真と本人が違って見えるとそれは決していい印象ではありません（もちろん本人の方がいい場合は言うことはありませんが）。食事の取り方、お肌の手入れは、前もっての準備が必要です。

　とはいっても、もうすぐ就職活動、今就職活動中の人もいるでしょう。ここでは即効性のある方法をお伝えします。ぜひやってみてください。

《ポイント1：薄化粧＝肌をきれいにみせる肌づくり》
① コットンにたっぷりの化粧水（したり落ちる程度）を含ませ、それを顔にのせて15分。それ以上のせてしまうと肌の水分を逆に吸いとってしまうので注意してください。
② 目がしらの上を（鼻筋横）2本の指でおさえ、アイホールを目がしらから目じりまでなぞる（5回）。これで目がパッチリになります。
③ 美容液は気になる箇所にだけのせます（乾燥・肌荒れの部分）
④ 乳液をつける際、UVと混ぜて一緒につけると汗をかいても化粧崩れが少なくてすみます。
⑤ コンシーラーなどは延ばさず、消したい箇所だけに点、もしくは線を置く感じで使います。
⑥ ファンデーションのトーンは明るめよりも、首や手の色と差がないようにして選びましょう。シーズンによってはオークルとピンクなどを混ぜて使うといいでしょう。
⑦ ファンデーションのつけ方は、顔や目のまわりに点でおいて、中心から外へのばしていくと、リンパの刺激により血行も促進され健康的な肌になります。
⑧ 唇の乾燥がひどい時は、夜たっぷり乳液をつけて、マスクをして寝ます。翌朝、ぷるっぷるの唇になります。

《ポイント2：ナチュラルメイクにするには》

① 自分が好きなメイクではなく、他人から見られてどうかということが重要です。健康的に見え、誰から見ても好印象を与え、ビジネスにふさわしいメイクをします。同年代からみていいというメイクではなく、管理職世代の大人の目を意識します。ご両親や先生に印象をきいてみるといいでしょう。

② 業界や職種によっては、インパクトのあるメイクでしっかり印象づけることも大切です。その時はナチュラルということだけにこだわらず、自分に合うメイクを自信をもってしてください。

③ 派手に見える顔をやさしい印象に見せるには、サーモンやコーラルなどのチークをつかうといいでしょう。アイメイクはラインを使わず強調させないようにします。

④ リクルートメイクには、一般的にブラウン系・ピンク系がいいと言われますが、顔のパーツがはっきりした彫が深い人は、ブラウン系はきつい印象になりがちです。逆に小さいパーツの人（一重まぶたや色白の人）がピンク系を使うと血色が悪く見え、印象も薄くなりがちです。健康的で好印象に見えるような自分にあった色を選びましょう。

《ポイント3：メイクアップの手順》

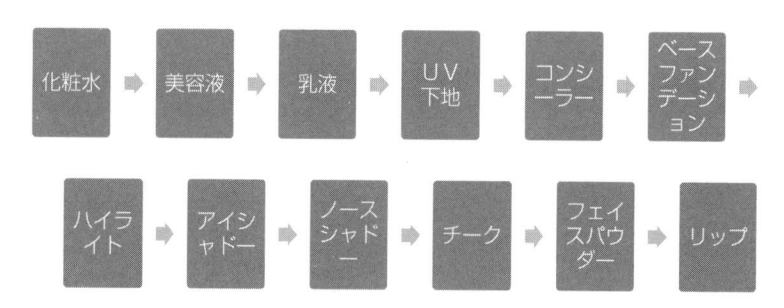

化粧水 → 美容液 → 乳液 → UV下地 → コンシーラー → ベースファンデーション →

ハイライト → アイシャドー → ノーズシャドー → チーク → フェイスパウダー → リップ

《ポイント4：眉の描き方》

① 眉を描くことばかり気にしないようにします。眉をしっかり決めすぎて、きつい印象を与えないように、最後に顔全体を見てから眉に描き足すような感じで描きましょう。

② アイブローの色は、髪色よりほんのり明るい色を選びます。眉山の角を強調せずに自然に流すことで、やわらかい印象になります。綺麗にかつふんわりとした印象に整えましょう。

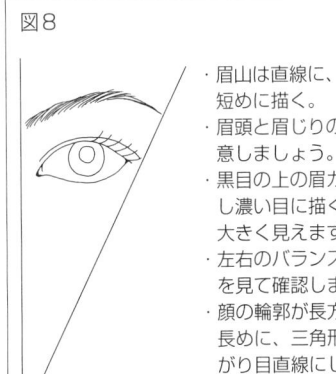

図8

・眉山は直線に、眉じりは短めに描く。
・眉頭と眉じりの高さに注意しましょう。
・黒目の上の眉カラーを少し濃い目に描くと黒目が大きく見えます。
・左右のバランスは、横顔を見て確認しましょう。
・顔の輪郭が長方形の人は長めに、三角形の人は上がり目直線にします。

《ポイント5：シャドーの入れ方》

① アイシャドーは、アイペンシルでまつ毛のすき間を埋めていきます。目じりは上げずにシャドーでぼかす程度にしましょう。ビューラーは強すぎないようにしましょう。マスカラは上げたまつ毛をキープする程度につけます。

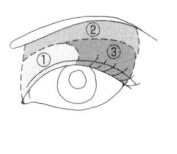

② 一重まぶたの人のシャドーの入れ方は、アイホールに少し暗めのカラーをのせ、アイペンで目じりにいくほど幅広くしていきます。目じりまで描くとはっきりとした印象をつくれます。

図9

・アイホール全体にパールホワイトをのせます。
・ベージュ系カラーで少し影をつくりましょう（ノーズシャドー）。
・アイペンで目とまつ毛の間（粘膜の部分）にアイラインを引きます。
・4つのアイシャドーの入れ方（図9）を参考に、自分にあった入れ方を試してみつけましょう。
・入れ方によって女性らしくうつります。
・①一番明るい色をいれます。ここで濃い色をおくと、黒目が大きく見え、強い印象になるので慎重に！
②目がしらには、次に明るい色
③目じりには、一番暗い色（瞳の幅ができます）

《ポイント6：とチークを入れる》

① 健康的な肌を演出できるのはオレンジ系ベージュです。優しい表情を演出できるのはピンク系と覚えておくといいでしょう。

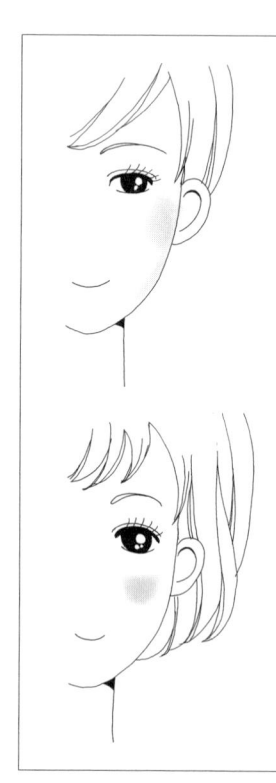

大人っぽく女性らしく演出した場合は、ほお骨の一番高い箇所にカラーを置きます。色はローズ系やオレンジ系がいいでしょう。小顔に見せたいときは、おでこやあごまで広げるのも効果的です。

可愛らしく優しい印象にしたい場合はピンク系のチークを中央におき、十分にぼかしましょう。

《ポイント7：リップの入れ方》

① リップライナーを使用することで、ナチュラルメイクの表情を立体的にすることができます。リップライナーは、唇の山を強調させることで上品な印象になります。
② リップカラーは、優しいオレンジやサーモンピンクをお薦めします。同じオレンジでもサーモンピンクでもたくさんの色目がありますので、自分にあった色を探しましょう。往々にしてベージュを選びがちですが、印象が薄くなる可能性が高くなるので、上記の色を使って健康的に知的にきれいな印象を演出しましょう。

①唇を全体的に引き締めたいとき：輪郭には濃い色を使い、内側に淡い色を入れます。

②歯を白くフレッシュに見せたいとき：内側に濃い色、外側に淡い色をいれます。

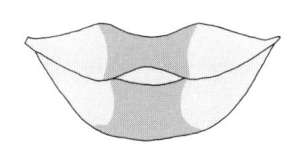

③唇を立体的に見せたいとき：内側に濃い色を、外側に淡い色をいれます。

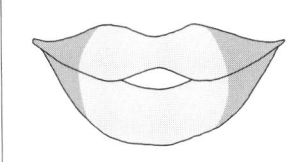

④唇をふっくら見せたいとき：内側に淡い色を、外側に濃い色を入れます。

編者紹介

川合　雅子（かわい　まさこ）
株式会社ウェコプ　代表取締役。
フェリス女学院大学非常勤講師。LAB プロファイルマスターコンサルタント＆トレーナー。サンタフェ NLP トレーナー。キャリアカウンセラー GCDF（Global Career Development Facilitator）育成トレーナー。「Active Works」（キャリアカウンセラーかつトレーナー軍団）／「Career 4 Kids」（子どものキャリア支援プロジェクト）の主幹。
デンマークの TMI 社にてプレゼンテーションスキルを学び、顧客満足セミナーで世界的に有名な「Putting People First」のトレーナー養成をデンマークと日本で受ける。
立教大学文学部卒。在学中に日本航空国際線客室乗務を始め、その後1991年株式会社ウェコプ設立。1999年筑波大学大学院教育研究科カウンセリングコース修士課程修了。
【主な著書】『私の適性・適職発見』（単著　学文社）『多文化・共生社会のコミュニケーション論』（共著　翰林書房）、『キャリアマザーズ』（インタビュー本　ブレーンワークス）、『働くってなに？』（インタビュー本　学事出版）

ウェコプ（WECOP）ホームページ　http://www.wecop.co.jp

就活をこの本からはじめよう──社会力(ソーシャルスキル)をつけるワークブック

2011年10月25日　第1版第1刷発行

編　者　川合　雅子

発行者　田中　千津子

発行所　株式会社 学文社

〒153-0064　東京都目黒区下目黒3-6-1
電話　03（3715）1501 ㈹
FAX　03（3715）2012
http://www.gakubunsha.com

印刷所　新灯印刷

ⒸKAWAI Masako 2011
乱丁・落丁の場合は本社でお取替えします。
定価は売上カード，カバーに表示。

ISBN978-4-7620-2227-2